Cihad Kök
Tuzu Uzatır mısın Hayat

DESTEK YAYINLARI: 930
EDEBİYAT: 273

CİHAD KÖK / TUZU UZATIR MISIN HAYAT

Her hakkı saklıdır. Bu eserin aynen ya da özet olarak hiçbir bölümü, yayınevinin yazılı izni alınmadan kullanılamaz.

İmtiyaz Sahibi: Yelda Cumalıoğlu
Genel Yayın Yönetmeni: Ertürk Akşun
Yayın Koordinatörü: Özlem Esmergül
Editör: Devrim Yalkut
Kapak Tasarım: İlknur Muştu
Sayfa Düzeni: Işıl Ilgıt Şimşek
Sosyal Medya-Grafik: Tuğçe Budak - Mesud Topal

Destek Yayınları: Nisan 2018
Yayıncı Sertifika No. 13226

ISBN 978-605-311-399-7

© Destek Yayınları
Abdi İpekçi Caddesi No. 31/5 Nişantaşı/İstanbul
Tel. (0) 212 252 22 42
Faks: (0) 212 252 22 43
www.destekdukkan.com
info@destekyayinlari.com
facebook.com/DestekYayinevi
twitter.com/destekyayinlari
instagram.com/destekyayinlari
www.destekmedyagrubu.com

Orient Basım Yayın
Sertifika No. 35724
İkitelli OSB Mah. Giyim Sanatkarları
5-A 6-A Blok No:135/3
Başakşehir / İstanbul

Cihad Kök

TUZU UZATIR MISIN HAYAT

*"Ben de yalnızım gel kahve içelim.
Sen oradan yudumla ben hissederim."*

Cihad Kök

Hâlâ masallara inanıyor. Bir gün Pinokyo ile mutlaka karşılaşacağını düşünüyor. Çok çizgi film izliyor. Türk filmlerine bayılıyor. Annesi en yakın arkadaşı. Babası ile ilişkisi asker-komutan gibi. Mavi rengi seviyor. Acayip müzik dinliyor. Çok kahve içiyor. Portakalı bütün halinde ısırarak yiyor. Puding hayatının anlamı... Mantı başının belası... Güzel makarna yapıyor. Yazmayı çok seviyor ama yazdığı gibi konuşamıyor.

Çocukların ağlamadığı, annelerin üzülmediği bir dünya düşlüyor. (Allah aşkına çok mu şey istiyor?!)

Bir de ısrarla büyümüyor; hep 13 yaşındaymış öyle diyor.

İthaf ediyorum...

Hepimiz aynı şeyleri yaşıyoruz; üzülüyoruz, gülüyoruz, kazanıyoruz ya da kaybediyoruz! Zaman zaman Sadri Alışık gibi "Bu da mı gol değil?!" dediğimiz anlar oluyor ama önemli olan dimdik ayakta kalıp Adile Naşit gibi gülebilmektir hayata. *Yedi Bela Hüsnü* filminde olduğu gibi, Kemal Sunal gibi her zorluğa rağmen kendin kalabilmektir. Eğilip bükülmeden, pes etmeden "Aşkın kalbimde volkan gibidir, en sevdiğim tatlı kazancibidir!" diyecek kadar açık yürekli davranabilmektir. Cüneyt Arkın, Ediz Hun, Kartal Tibet ya da Ayhan Işık gibi tok bir sesle "Nayır!" şeklinde olmasa da, istemediğin şeyler için, kendi doğruların adına bazen "hayır" diyebilmek de gerekir! Türkân Şoray, Fatma Girik, Filiz Akın ve Hülya Koçyiğit kadar zarif olmasa da hayat, çok şükür sen varsın ve varlığınla güzelleşiyor dünya. Nefesinle yaşama kattığın güzellik için, şu an okuduğun *Tuzu Uzatır mısın Hayat*'ı sana ithaf ediyorum ve varlığın için tüm dünya adına sana çok ama çok teşekkür ediyorum. Uzun konular bunlar, bu bir ithaf yazısı ve tüm söyleyeceklerim mümkün değil sığmaz bu "minnak" sayfaya! Ama Münir Özkul'un dediği gibi, eğer "bir tabak daha" koyarsan sofraya uzun uzun sohbet eder, dertleşiriz *Tuzu Uzatır mısın Hayat*'ın sayfalarında.

BİRİNCİ BÖLÜM

Kahvemi de aldım geldim, biraz sohbet edelim. Mesela bir türlü geçmeyen kırgınlığından bahsetmek ister misin? İnsanlara güvendiğin için yarı yolda kalışın, güvendiğin dağlara yağan kar senin suçun değil bilmelisin! En çok, çok sevdiklerin kırdı biliyorum. Zaten gücüne giden de bu anlıyorum. Yaraymış, kırıkmış bir şekilde geçiyor da, sevdiklerinden miras kalınca geçmiyor, acını hissediyorum. Dün "her şeyim" dediklerinin "hiçbir şeyin" olduğu bugün, "her şeyin" anlamını yitirdiğini biliyorum, inan çok üzgünüm. Soğutma bir yudum al hadi kahvenden ve lütfen biraz gül asılmasın yüzün. Varlığını anlamlı kılan biri ya da birileri değil ki, arkalarına bile bakmadan gittikleri için neden değer yitiresin? Hadi bana söz ver, kendini değerli hissetmek için kimseye ihtiyacın olmadığını bir an önce öğreneceksin. "Keşke" dediğin şeylere de sünger çek gitsin bence. Boş ver, iyi veya kötü yaşanması gerekenler yaşandı bitti işte. Hiçbir şey için kendini suçlama! Her şeyi kontrol altında tutamıyor maalesef insan hayatta. Elinden gelmeyenler de başına gelmiş oluyor tabii bu arada. Unutmadan, sen görmüyorsun ama sana çok yakışıyor gülücükler. Ayrıca, kahve için çok teşekkürler.

Hataların da olacak,
  insanları mutlu etmeyen kendi doğruların da.

Hem hatasız olmanı bekleyenler varsa sorsana
  "melek olmadığını anlamaları için
    ne yapman gerekiyormuş" acaba?!

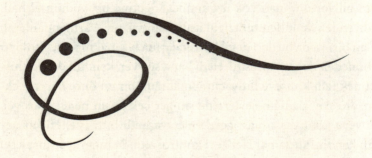

Güzel Bir Poz Verelim Hayata, Çekiyor Bizi!

Zor zamanlardan geçerken bir süre sonra ne kadar da güçlendiğini görüyorsun. Bir bakıyorsun yıkılmıyorsun, sonra yine yıkılmıyorsun, yine yıkılmıyorsun. En sonunda kendini "Ey hayat tüm yapabildiğin bu kadar mı?" derken görüyorsun!

Gözyaşının sıcaklığını yanağında, tuzunu dudağında hissettiğin zamanlarda; ne olursa olsun tutunup varlığına, yarına yürümekten başka şansın yok unutma.

Yürüyeceksin hem de dev adımlarla. Bu arada yine ağladığın zamanlar olacak ama söz veriyorum o yaşlar da kuruyacak bir gün mutlaka.

Yeter ki yürü, lütfen durma! Ne karanlıkları aydınlığa çıkarıyor bu dünya.

Okyanusta bir damla, senin için de yapabileceği bir şeyler vardır mutlaka. Umutsuz olma.

Ayrıca Allah varken umutsuz olmak özür dilerim ama biraz komik geliyor bana. Hem Allah'ın "varlığı" umudun "yokluğunu" döver unutma!

Hem gözyaşının tadını ben de sevmiyorum; çok sıcak ve tuzlu, hiç uymuyor damak tadıma. Ben çorbayı sıcak, bisküviyi tuzlu severim yalnızca.

Görüyorsun işte, gözyaşını tatmış bir tek sen değilsin hayatta! Hadi bakalım hep beraber tebessüm ediyoruz şimdi! Güzel bir poz verelim hayata, çekiyor bizi.

Hataların için hayıflanıp kendini üzme. Evet, hatalar olmasaydı her şey çok güzel olurdu ama gel gör ki yaşanılan ve yapılan her şeyin on numara beş yıldız olması mümkün olmuyor hayatta.

Ayrıca "keşke" ile başlayan cümleler de hiç hoş gelmiyor kulağa. Vedalaş keşkelerin ve pişmanlıklarınla. Neticede yaptığın hiçbir şeyi "yanlış" olması için yapmadın sen. Hata olarak düşünüp bugün üzüldüğün ne varsa o gün öyle yapman gerekiyordu ve öyle karar verdin. Ayrıca her şeyin dört dörtlük olmasını sen de en az herkes kadar çok isterdin.

Keşkelere hayatında yer verip, pişmanlıkların için dönüp dönüp ardına bakma. Bu yanlışı yanlışla düzeltmeye çalışmaktan başka bir işe yaramayacak.

Unutma, yaşaman gereken bugünken, dün sadece ders almak içindir geçmişten. Kalk, geçmişin üzerine odanın perdesini arala. Her şey yakıştığı şey ile yer almalı yaşamında. Mesela sen yeni gün, güneş ve bugün ile boy gösterirken dünyada, dün unutularak yer etmeli hayatında.

Kahve Var İçer misin?
Ya da Dolapta Puding, İster misin?

Mükemmel olman gerekmiyor. Olduğun gibi kabullensinler. Kabullenmiyorlarsa, paşa gönüllerini alıp "paşa paşa" yol alsınlar. Bırak uğraşma, dükkânın önünü bari kapatmasınlar. Aklım almıyor, bir şeyleri bahane edip öylece gidiveriyorlar(!) Sonra "kader-nasip-kısmet" diyorlar. Ama sanmıyorum Allah-ü Teâlâ kimsenin alnına, bir başkasını yüzüstü bırakmasını yazmamıştır galiba! Bu hangi kader acaba?

Kadere de iftira atıyorlar. Ayrıca giderken ense tıraşları dahil kendileri çok komik görünüyorlar. Türlü bahanelerle geride bırakılmış olanlar az ya da çok gözyaşı dışında hiçbir şey kaybetmez ama gidenlerin kaybettiği o kadar çok şey var ki; aa (!) "onurları" değil mi giderken şu ezip geçtikleri?

Gördün mü? Neymiş yani? Her zaman yüzüstü bırakılan kaybetmiyormuş demek ki! Üzülme artık, sil sen de gözyaşlarını. Biliyorum bir sihirli çubuk dokunup pamuk tarlasına çevirmeyecek hayatını bir anda ama zamanla her şey yavaş yavaş yoluna girecek, söz veriyorum sana.

Unutmadan! Pamukların ilk halde dikenli olduklarını biliyor muydun tarlada? Zaman seni de iyi edecek sabırla.

Aa! Yıldız kayıyor deyip sen gökyüzüne bakarken çenenin altından vurmak vardı şimdi. Gül hadi ve sil şu gözlerini.

Hayatta her zaman "doğru" yapamazsın yanlışların da olacak. Yanlış tercihlerin yanlış kararların...

An olacak yanlış zamanda yanlış yerde olacaksın ki ben bunu çok yaparım, elimden kör eşek yem yemez ama bu konuda bir harikayım.

Senin sıfır hata ile yaşamak gibi bir şansın yok ve hiçbirimizin dört dörtlük olmadığını hepimiz biliyoruz.

Sen bakma hataların için şöyle böyle diyenlere, burunları havada olduğu için görmüyorlar kendi parçalarından akan hataları bence(!)

O yüzdendir senin hataların için "vurun kahpeye" pozunda kendilerine başrol biçmeleri. Onlar komikçikler(!) üzülme değmezler.

O kadar mükemmellerse ağızlarında kaşık yumurta hadi bakalım düşürmeden yürüsünler. Ama bunu bile beceremezler!

Oysa sen, kaşık yumurta bir tarafa, hayatla kol kola yürümeye çalışıyorsun. Hataların olacak tabii ki ama onlar bunu düşünemezler.

Neyse konuşmaya bile değmezler(!) Senin için de her zaman iki kere iki dört etmeyiversin. Her şeyin mükemmel, her halin harika olmayıversin.

Boş ver, kahve var içer misin? Ya da dolapta puding, ister misin?

*Gerçeklere gözlerini kapatarak,
 her gün biraz daha fedakârlık yaparak,
  hiçbir şey yok her şey yolundaymış gibi yaşamak,
seni mutsuz etmekten başka
 hiçbir işe yaramayacak yalancı mutluluklarla yaşamak.*

*Cesur ol, giden gitsin!
 İnan bana ölmeyeceksin!*

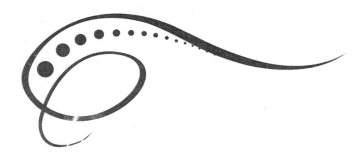

Bütün Mesele Islanan Kumaşlarda Liflerin "Şişip", Sonrasında "Boyların Kısalması" Gibi!

Verdiğin değer sonrası insanların değişmesi senin suçun değil. Bu konuda anlaşalım kendini suçlama. Sen, benimseyip sahiplenen herkesin yaptığı gibi doğru olanı yaptın. Ona değerli olduğunu hatırlattın. Yarın olsa, emin ol yine aynı şeyi yaparsın.

Zaten yapmalısın. Yoksa onun tüm dünyadaki yedi milyar insandan, senin için farklı olduğunu ona nasıl anlatacaktın? Bu yanlış bir şey olmadığı gibi, bunu anlayamamak ve senin verdiğin değeri eline yüzüne bulaştırmak onun problemi... Verilen değeri "ele yüze bulaştırmaksa" "onlar" adına üzgünüm ama maalesef kişiliksizlik meselesi(!)

Çünkü verilen değer sonrası aynı kalmak, o değerin aslında onunla değil de, senin "hislerinin güzelliğiyle" alakalı olduğunu anlayabilecek beyne sahip olmak maalesef herkese nasip olmuyor. Aslında bütün mesele ıslanan kumaşlarda liflerin "şişip", sonrasında "boyların kısalması" gibi! Senin ya da benim tabirimle "pantolon veya gömleğin çekmesi".

Demek ki herkes "değerle" yıkamaya gelmiyor(!)

"Şişiyorlar" sonrasında maalesef "kişilik çekiyor, küçülüyorlar".
Çünkü kişilikleri pazar penyesi gibi(!)
Hal böyleyken; e senin ne suçun var verdiğin "değerin karşılığını" göremiyorsan.

Ayrıca yaşadıkların sonrası sen hiçbir şey kaybetmedin.
Bak şimdi şöyle düşün.
Güvenip,
Güvenmemeyi,
Kime, neden, ne kadar şans vermen gerektiğini.
İlişkilerinde mesafe koyman gerekli mi?
Neye, ne kadar "tamam" demeli,
Kime, ne için, ne kadar taviz vereceğini,
Herkes, senin kadar içten mi?
Yoksa seni kullanmak isteyenler de hayatına girdi mi?
Söylenen her şeye inanmalı mı?
Yoksa emin olana dek düşünmeli mi? Hepsini öğrendin değil mi? Kaybetmedin öğrendin!
Hem hatırla ilk pedallarda da kanamıştı dizlerin.

**Bu Dünya "Çok Mutlu" Olmak İçin Yanlış Adres...
Eğer Öyle Bir Beklentiniz Varsa Ooo Siz Çok
Yanlış Gelmişsiniz!**

Ben doğan her günün, alınan her nefesin bir anlamı olduğuna inanıyorum. Her gün yeniden uyanmak, her an tekrar tekrar nefes almak; saç baş dağınık, bunalım takılıp televizyon karşısında uyuklamak için değildir galiba!

Her şeyin her zaman mükemmel olması mümkün değil ama "umudunu yitirmen de" pek doğru gelmiyor bana!

Kendini sev ve bir makas kondur yanağına!

Zorluklar her zaman olacak. Hiçbir zaman tozpembe bulutlar arasında pembe panjurlu bir evin olmayacağı gibi, kuştüyü yataklar sermek gibi bir hayali de yok hayatın hiçbirimiz hakkında.

Mücadele verilir, kavga edilir, düşülür kalkılır, bütün bunlara rağmen yine de kaybedilebilir! Çünkü kaybetmek de hayata dahil ve önemli olan cesaretini yitirmemendir!

Her ne olursa olsun kendine olan inancını kaybetme ve senin olmasını istediğin herhangi bir şey için sakın savaşından vazgeçme!

Sonrası nasip.

Çok şükür bu sabah da uyandın. Belki de eş dost gördün selamlaştın. Aynada dünyanın en güzel varlığına baktın ve tabii bu arada mutlaka sıcacık çay ya da kahve de yudumladın. Daha ne versin bu hayat sana? Belki de mutlu olmak için tek eksiğimiz şükretmektir Allah'a!

Hayatta tüm beklentilerin karşılanacağını düşünmek büyük saçmalık gibi, kurulan bütün hayallerin gerçekleşmesini beklemek gibi...

Zaten bu dünya çok mutlu olmak için yanlış adres; eğer öyle bir beklentiniz varsa, ooo siz çok yanlış gelmişsiniz!

Bence bir gün mutlu olacaksın! Ama tabii ki gülüp geçmeyi, boş vermeyi öğrenirsen...

Hem her şeyi takacaksın, herkesin her söylediğini umursayacaksın, hem de çok mutlu olacaksın öyle mi? Kusura bakma yok öyle bir dünya!

**İyi Bak Kendine. Dikkat Et Yemene İçmene.
Sıkı Giyin, Çorapsız Basma Yere!**

Kimseyi çok ciddiye alma, bırak konuşsunlar. İstediklerini söyleyip, her şeyi bildiklerini sansınlar. Ne incilerin dökülür ne senden bir şey eksilir!

Hem konuşsalar ne çıkar? Hemen onu da söyleyeyim, o sözlerden çok güzel balon çıkar! "Sallıyorsun" havaya, gözden çok güzel kayboluyorlar(!) Ayrıca şu her konuda "bilirkişi" takılıp akıl verenlere de bir sorum olacak, lütfen cevaplasınlar!

Kendileri "avogadro sayısını" mı buldular yoksa "suyun kaldırma kuvvetini" mi insanlığa kazandırmışlar(!)

Neden olmazlarsa olmazmış gibi davranıyorlar?

"Her şeyi biliyorlarsa" komik olduklarını niye bilmiyorlar?

Onlara tüm söyleyeceklerim bu kadar.

Üzdüler seni değil mi, kırdılar, canını sıktılar? Bırakıp gitmek istedin ne varsa, "Allah belasını versin" dediğin zamanlar oldu mutlaka. Gözyaşın aktı, annenin öpmeye kıyamadığı yanaklarına. Çıkmak istemedin evden bazen, sarılıp yastığa kimsede hissedemediğin "sıcaklığı" aradın yatağında. Üstüne üstüne geldiler, anlamını yitirdi sevdiğin ne varsa.

Yaklaş bir şey söyleyeceğim kulağına, boş ver aptal onlar halden anlamazlar.

Sen iyi bak kendine. Dikkat et yemene içmene, sıkı giyin, çorapsız basma yere.

Gördün işte, kimsen yok senden başka.

İçindeki çocuğun ellerini hiç bırakma ve sımsıkı tutun inandıklarına.

... ve rica ederim her söylenene takılma. "Işığı gören geçiyor" deyip yürüyeceksin! Kimse ne yaşayıp ne hissettiğini senden daha iyi bilmiyor unutma.

Kabul ediyorum, sanki mutluymuş gibi,
Hiç üzülmemiş hep gülüyormuş gibi,
Ne kırılmış ne darılmış gibi, sanki her şey yolundaymış gibi,
Çok güçlü, kimseye ihtiyacın yok gibi,
Kahkahalar sanki içtenmiş gibi,
Ne yalan duymuş ne önemsiz olduğun hissettirilmiş gibi.
Sanki çok seviliyormuş gibi, yaşamak çok zor. Ama yaşayacaksın, yaşamak zorundasın! Sana emanet edilmiş bir can var hakkıyla sahip çıkacaksın!

Dur Bakayım! Sen Hata mı Yaptın? Gerçekten Çok Şekersin!

Kendine kimsenin gözünden bakma ve kimsenin görmek istediği gibi olmaya çalışma.

Bana soracak olursan seni kimin nasıl gördüğü hiç önemli değil ama illa birilerinin görmek istediği gibi olmak istiyorsan annenin gözünden bak kendine. Senin bile göremediğin güzellikleri göreceksin kendinde. Şimdi dene mesela, annen gibi bir saniye bak kendine, gördün mü "dünyanın en özel en güzel varlığı hayat bulmuş mis kokulu teninde".

Ayrıca senin nasıl olman ve davranmanla ilgili sorunu olanlar varsa, sorun olan senin yaşayışın değil; onların yaşadıkları psikolojik rahatsızlıktır mutlaka.

Keşke seni ve kişiliğini yaratanın Allah-ü Teâlâ olduğunu hatırlasalar ama maalesef nato mermer nato kafa(!)

Tabii "Başkalarının nasıl gördüğü önemli değil" derken kılığımıza kıyafetimize boş vermiyoruz! Erkeklerimiz filinta, kızlarımız prenses gibi olmalı mutlaka!

Bunun haricinde gerçekten sana bir şeyi dikta ederek "görmek istedikleri gibi hayatına şekil vermek isteyenler" de varsa göz doktoruna gitsin(!) Psikiyatra gitsin(!) Olmadı hayatından gitsin.

Seni nasıl görmek istedikleri senin problemin değil, herkes haddini yerini bilsin.

Sen kişiliğin ve kendine has yanlarınla çok güzelsin. Bir şeyler yapmak için çabalarken yaptığın hatalarınla çok özelsin.

Dur bakayım! Sen hata mı yaptın? Gerçekten çok şekersin.

Ne Zamandır Boş Verdin Kendine? Dip Boyan Gelmiş Baksana. Hadi Gül! Alabileceğin Yeni Ayakkabılar Vardır Mutlaka.

Neler gördü gözlerin, neler duydu kulakların.
... ve daha başka nelere eyvallah etmek zorunda kaldın.
Yıprandın, bazen ağlamış da olmalısın.
İçine attın,
Yalnızdın,
Bazen kendini avutmak zorunda kaldın.
Biliyorum üç satırda hiçbir şey düzelmeyecek ama en azından az da olsa boş verip,
Kendine biraz zaman ayırabilirsin galiba.
Kalp kırığın kolay geçmeyecek ama saç kırıklarını aldırabilirsin mesela.
Kıranları boş vermelisin, kırılan tırnağını değil ama.
Ne zamandır boş verdin kendine?
Dip boyan gelmiş baksana.
Hadi gül! Alabileceğin yeni ayakkabılar vardır mutlaka!

Ama evden çıkmadan omzuna dökülmüş şu birkaç saç telini almayı unutma!
Yaşadıklarınız için pişman olmayın,
Yaşadınız, geçti gitti.

Elinizde ya da değildi, ama oldubitti...
Hatalarınız için de pişmanlık duymayın.
Hepimiz yapıyoruz işte ne yapalım.
Üzüldüğünüz her neyse bir tarafa bırakın, mümkünse kaldırıp atın.
Sizi üzüp hayal kırıklığına uğratanları da aklınızdan çıkarın.
Yanınızda olmayanı aklınızda taşıyıp da boş yere hamallık yapmayın.
Haksız mıyım?
Bence haklıyım!

Allah Her Şeyi Biliyor ve Çok Daha Güzel Olanı; Bana Yapılanları Ben Unutmuş Olsam Bile O Unutmuyor!

Allah her şeyi biliyor ve çok daha güzel olanı, bana yapılanları ben unutmuş olsam bile O unutmuyor.

Çok rahatım bu anlamda, hal böyle olunca öbür tarafa götüreceğim bir hesap falan da yok kafamda.

Ben bunları düşünmüyorum. Film izliyorum, çikolata yiyorum, kahve içiyorum ve beni mutlu edecek daha başka birçok şey.

Kendime zaman ayırıyorum. Mesela kendim için makarna yapıyorum.

Ama bazen "Yoğurtlu mu, salçalı mı?" ikilemi yaşıyorum.

Pardon! "Yapılanlar ve yapanlardan" bahsediyordum, önemli olmayınca unutuveriyorum(!)

Makarnanın salçası ya da yoğurdu daha önemli anlatabiliyor muyum?

Sen de boş ver! Zaten boş vermelisin, hem yeterince üzülmedin mi?

Daha ne kadar üzüleceksin?

Ne kadar daha kendini üzüp hayatın tüm renk ve tatlarına sırt çevireceksin?

Ben sana seni kırıp hiç önemsemeyerek üzenlerden daha önemli bir şey söyleyeyim mi?
Kulaklık! Dikkat et, karışınca zor açılıyor.
Kulaklık önemli!

Ben "Güzel Bir Uyku İçin Ortopedik Yatak" Masallarına İnanmıyorum! Ben, Güvenle Başını Sokabileceğin Bir Çene Altına İnanıyorum.

İnsan bir şeyleri unutmak zorunda olmamalı, bir şeyleri unutmak zorunda bırakılmamalı. Ne bileyim dün mutluluk sebebi olanların bugün "üzüntünün" kendisi olmaları çok saçma. Kaşıkla verip sapıyla çıkaracaklar illa.

Kafam basmıyor bazen, gofret bile paylaşmaya değmeyecek olan insanları hayatına ortak etmek nasıl bir akıl noksanlığı?

Ne kadar da çok değer vermişim. Değmezlermiş, keşke hiç vermeseymişim çikolatanın fıstıklarını.

İnsan sevdiklerine en kıymetli şeylerinden veriyor bilirsin işte. Çikolatanın yanında canım zaten onlarındı!

Yoruldum ama vücut yorgunluğu bir tarafa insanın ruhu yorulmasın. Ne ayakları uzatıp yatmak ne de sevdiklerinde bulamadığın sıcaklığı aradığın duşun o ılık suları kâr ediyor.

İnsanın beyninin içinden gergedan sürüleri geçer mi?

Geçiyor işte!

... ve sabahları üzerinden kamyon geçmiş gibi uyanır mı? Uyanıyor! Aynada bizzat tanık oldum kerelerce!

Ben "güzel bir uyku için" ortopedik yatak masallarına da inanmıyorum! Ben güvenle başını sokabileceğin bir çene altına inanıyorum.

Ayrıca rahat bir uyku için beynin ortopedik rahatlıkta olması lazım. Gerisi laf.

Belki de artık farkına varmalıyız.

Peki neyin?

Çok ince düşünüp, çok detay yaşamamak gerektiğinin!

Çünkü bu seni de beni de yoruyor!

Yine de çok geç kalmış sayılmayız, kalkın hadi bir an önce toparlanmalıyız!

Zordur Kadın Olmak... Kalbi Kırılır, Umudu Kırılır... Hayat ya da Biri Kırmazsa Saçı Kırılır, Tırnağı Kırılır! Ama Kırılır.

Zordur kadın olmak. Her an kırılıverecekmiş gibi yaşamak!
Herkesin yerine her şeyi düşünüyor olmak ama herkesçe çok da umursanmamak...
Bir türlü anlaşılamamak, hep bir şeyler istemekle suçlanmak!
Onca kalabalığa rağmen yalnız olmak ve sadece içindeki çocuk tarafından sarılmak...
Anne olmak, eş olmak, her şey olmak, bir varlığıyla bin parçaya ayrılmak...
Bütün bunların yanında içindeki çocuğun elinden tutup "onu" da yaşatmak...
Zordur kadın olmak. Hep bir şeyleri, birilerini toplamak zorunda kalmak...
Güçsüzlükle suçlanmak ama her zorlukta sığınılan liman olarak var olmak...
... ve bu tezat duygular arasında yine de ayakta kalarak yaşamak!

Zordur kadın olmak. Her gün bir şekilde kırılmak, buna rağmen tüm parçalarını bir arada tutmak...
Kalbi kırılır, umudu kırılır... Hayat ya da biri kırmazsa saçı kırılır, tırnağı kırılır ama kırılır!

Allah vergisi bir yetenek olmalı çünkü bu kadar çok kırılırken hep ayakta hep tek parçadır!

Çok şeyleri saklar içinde ve bilir, belki de anlatamayacaktır kimselere.

Onca kalabalığa rağmen bu yüzden yalnızdır, bütün kadınlar belki de!

**Saçını Kurulamadan Sokağa Adım Atma.
Sinüzit İllet Bir Derttir Lütfen Dikkat Et
Bundan Sonra!**

Gitmeyi kafasına koymuş insana engel olamazsın.
Bahanelerin sonu yok hangi biriyle savaşacaksın?
Ben kendini suçlayan insanları anlamıyorum. Bu gerçeklere gözleri kapamaktan başka bir şey değil. Hayatta gerçeği kabullenmekten başka bir şansın olmadığını bilmeni istiyorum.
O yaptı, o etti, o gitti! Bu kadar basit! Ne yapacaksın yani ağlayıp da gözden mi olacaksın?
Senin artık tek yapman gereken, sahiplendiğin tüm suçları bir kenara bırakıp kendinle barışmak...
Başkaları seni sana küstürememeli ya da gülüşlerin başkalarının peşine takılıp gitmemeli.
O gülüşler sana ait, yerleri yanakların değil mi?
Bunu neden yapıyorsun kendine?
Bir başkası sen olmadan bir dünya kurabiliyorsa, sen de bir dünya kurabilirsin bir başına. Senin bunu yapamayacak kadar âciz olduğuna inanmıyorum.
Lütfen kendine bir şans ver. Bunu hak ediyorsun sen sakın unutma!

Yazın gölgede, kışın sıcak yerlerde ol mutlaka. Üzerin açık uyuma! Açık iki pencere arasında kalma üşütürsün maazallah sonra. Sonbaharda güvenip güneşli havalara, sakın mont almadan dışarı çıkma.

Saçını kurulamadan sokağa adım atma! Sinüzit illet bir derttir lütfen dikkat et bundan sonra!

Önemsiz gibi görünüyor ama çorap önemli bir detay, hastalıklar daha çok ayaklardan yakalar unutma.

Kral sofrası olması gerekmiyor ama bir dilim ekmek bir zeytin de olsa sakın öğünleri boşlama!

Her ne kadar "Önemli olan iç güzelliği" deseler de inanma. Herkes seni ayakta olduğun kadar ve dış görünüşünle değerlendirir unutma.

Hayallerini bırakma. Hayaller, can sıkan gerçeklere mola verdirip nefes aldırır sana.

Hayatı çok ciddiye alma. Ayrıca hayat, çözülmesi gereken bir problem değil; zaman zaman baş etmen gereken sorunların da olabileceği bir yaşam alanıdır bir de bu açıdan bak olaya.

Gülmeyi ihmal etme, gülmek neşeden ziyade, seni güçlü gösterir etrafa.

Anne babandan başka kimseye kamyon dolusu anlamlar yükleme ve çok şey bekleme; bu seni bir gün mutlaka hem kırar hem de yorar.

"Üç vakte kadar güzel şeyler olacak"
diyebilecek kadar iddialı değilim ama
güzel şeyler de olacak hayatında söz veriyorum sana.

Hadi gül!

Hayat Seninle Güzel Unutma! Senin Varlığın Anlam Katıyor Karşındaki İnsana!

Hayat seninle güzel unutma. Senin varlığın "anlam" katıyor karşındaki insana. Kimse tek başına "hiçbir şey" değil, senin yüklediğin "anlam" sıfat kazandırıyor onlara.

Sahiplenip değer vermen tabii ki önemli ama en az bunun kadar önemli olan, buna karşılık bulman karşındaki insanda.

... ve bu yüzden kıymet bilenlerle devam etmelisin yola. Hem değer katacaksın varlıklarına, "hiçlikten" kurtulacaklar yüklediğin anlamlarla, hem de burun mu kıvıracaklar sana? Sakın izin verme buna! Sen değer verdiğin için bir anlamları var hayatında. Unutma değer katan sensin onlara! Herkes haddini bilsin!

Seni üzmelerine izin verme! Kaldırıp atmalarına, bir kenara bırakıp istedikleri gibi davranmalarına!

Kimse olmazsa olmazın değil ve hiç kimse senin kadar değerli değil!

Ayrıca senin hislerin, hayallerin kimsenin babasının parkı değil. Canı oyun isteyen burnuna halka taksın, çıksın ortaya oynasın(!)

Senin duyguların, onların kıvırması için arka fonda çalan oynak müzik değil!

Kimsenin iyi niyetini suiistimal etmesine izin verme!

Sen içtenlikle "tamam" dersin, "sevdiğin için başını eğersin", onlar başka düşünürler bilmezsin.

Oysa sen de en az onlar kadar değerlisin. Değmez, bırak!

Onlar gidip koyun sevsin!

Hayata Şeker Atıp Karıştırmak Keşke Mümkün Olsaydı.

Hayata şeker atıp karıştırmak keşke mümkün olsaydı. Buna o kadar çok ihtiyacımız var ki. Sırf bunun için, eminim birçoğumuz bozabilirdi diyeti. Şu hayatta ağız tadı kadar önemli olan zaten ne var ki? Vücut ölçüleri mi, sıfır beden mi? Hepsi laf hepsi hikâye! Mühim olan gözler dolmadan hayatın tadına varabilmek değil mi? Veya aldığımız nefesi, "of" demeden verebilmek güzel olurdu sanki!

Ya da çorbaya üfler gibi acılara üfleyip soğutabilmek, böyle bir şansımız olsaydı, daha az "yanardı" canımız belki. Çünkü yaşadıklarımız sonrası ağzımız o kadar çok yandı ki, komik belki ama "yoğurdu bile üfleyerek yemeyi" düşünmüyor muyuz şimdi?

Ve şu "kırgınlıklarımız"; elle tutulup gözle görülmüyorlar ama ağırlıkları o kadar çok hissediliyor ki, soyutlukla ilgili bir ağırlık birimi olsa, eminim "1 kırgınlığın karşılığı 5 ton" gelirdi!

Bundan bir sonra yaşayacağın kırgınlık, bugüne dek antrenmanlı olduğun yaralardan mı çıkar bilmiyorum ama ne yaparsan yap "üzülmemeyi" bir türlü öğrenemiyorsun.

"Kerelerce kırılmış" olsan da!
Yine üzülüyorsun, yine üzülüyorsun.

Üzülmek; kiminde gözyaşı, kiminde çalan bir şarkıyla gözlerin dolması!

Bir başkasının da kahkahaların ardına saklanması!

Sen "üzüntünü" nasıl yaşıyorsun bilmiyorum ama yumuşacık yastığının bile uyuman için yeterli olmadığını biliyorum kırıldıktan geceler bile sonra!

... ve el ayak kırıkları bir tarafa; tıbbın da kalp kırıklarına çare olamadıktan sonra "çok ilerlediği" düşüncesi de bence çok saçma! Herkesin "kırıkları duruyor" ama "tıp ilerliyor" bize ne!

Zaten bu fıkra beni her zaman çok güldürüyor(!) Daha fazla uzatmıyorum. Kırgınlık nedir, benden çok daha iyi bildiğini biliyorum. Ama dünya küçük bakarsın bir gün karşılaşır, uzun uzun anlatırız.

Çay, çorba mühim değil ama sıcak bir güler yüzün varsa cık demem alırım.

Tek Heceli En Güzel Kelime "Biz"dir!

Doğrularından, oluşundan, duruşundan taviz verme! Gülüşünden, hayallerinden, verdiğin sözden vazgeçme! Dünü, güzel yanlarıyla hatırla! Şu anı, ne olursa olsun dimdik ayakta yaşa! Eğer ömrün vefa ederse yarın yeni bir gün unutma. Her şey, herkes değişir. Mutluluk da hüzün de baki değil asla! Ne hiçbir zaman dert uğramayacakmış gibi bulutların üstünde yaşa ne de sıkıntıların hiç bitmeyecekmiş gibi umutsuz ol!

Aklının bir köşesine yaz hazırlıklı ol; elbet uğrayacak sana da bir gün hayata dair ne varsa.

Yalnızlık çok cazip bir fikir gibi gelmiyor bence kulağa, herkes kötü değildir. Birilerine güvenmek zorundasın hayatta.

Bugüne dek karşılaşmış olduğun "kötüler," nazarlık olsun inşallah, bundan sonra karşına çıkacak olan iyi insanlara!

Severek tutabileceğin bir el, sarılabileceğin bir bel seni çok daha güçlü yapar hayatta.

Farkında olmasan da tek değil; iki kişisindir. Sen değil "siz"sinizdir!

... ve tek heceli en güzel kelime "biz"dir. Hecelenemez, tek seferde "birlikte" söylenmesi gerekir!

Sevdiklerinle ortak paydalarda buluşmaya çalış mutlaka.

Ortak anlar, ortak yaşanmışlıklar sizi çok daha yakınlaştırır. Ve hayattan çalınan bu tip zaman dilimleri, hanenize, hayata atılmış bir gol olarak yazılır. Farkında mısın acaba, jeneriklik bir gol attınız hayata!

Olmazsa olmazlarımız arasında "gurur" çoğumuzda liste başı ama sevdiklerin de, gururdaki harf topluluğu kadar önemliler bu dengeyi çok iyi ayarla!

Mutluluk; ne cennet bahçesindeymiş gibi yaşamak, ne de her halinle dört dörtlük olmak, mümkün mertebe boşlukları doldurarak ayakta kalmak.

Boş ver!

Eyvallah de geç sana yaşatılmış acılara. Kolay değil ama mutlaka geçer gider.

Say ki acı biber sürdü hayat ağzına!

Bak, öğrendin... Daha dikkatli adım atmalısın demek ki bundan sonra.

E Hadi Rasgele!

Hayat tabii ki çok güzel ama bir de seni rahat bıraksalar!
Bir de saygı duysalar.
Değil mi?
Tamam, etrafındaki insanlardan seni anlamalarını beklemiyor, her dediğine "he" desinler istemiyorsun ama en azından duymaya, dinlemeye çalışsalar bari.
Oysa senin de hayatını şekillendiren kendi doğruların var, neden bir türlü görmüyorlar?
"Ama yok! Sadece kendi çıkarları, kendi doğruları, kendi inandıkları..."
Of çok bunaldın, bilmiyorsun ki ne yapsan artık bu insanları?
Yorulduğun zamanlar oluyor bunaldığın anlar...
"Yeter be" deyip, "bir köşeye çekilmek istediğin zamanlar"...
Zaman zaman benim yaptığım gibi ya da bazen bir başkasında olduğu gibi.
Ama kimse de "cennet bahçesinde" yaşamıyor sandığın gibi!
"Bir köşeye çekilip biraz ara vermek gerekiyordur" haklısın belki de.
Hem herkes ihtiyaç duyar bazen uzaklaşmaya. Ama sakın havlu atma!
Seni, hayatını, davranışlarını yargılayıp sorgulayanlar; seni tanımıyorlar, neler yaşayıp, neler hissettiğini bilmiyorlar.

Yaşadıkların hakkında en ufak bir fikirleri bile yok ama konuşuyorlar.

Önemli mi peki?

Değil tabii ki! Çünkü onlar bilmeden konuştuklarını bilmeyecek kadar cahil olduklarını bile bilmiyorlar.

Sen de bunun için üzülüyorsun öyle mi?

Güldürme beni.

Hadi kalk, daha yaşaman gereken bir gelecek var!

Boş ver!

Her ne olduysa, canını ne yaktıysa zamanla unutacaksın, toparlanacaksın.

Yaraların kabuk bağlayacak, geçmese de alışmış olacaksın.

Hayatın sadece bugünden ibaret olmadığını, yarın yeni yeni şeyler yaşayıp hissettiğinde anlayacaksın.

Peki, bugün mü?

Evet, şu an canın yanıyor, ama yarın sanki kötü bir rüya görmüş gibi olacaksın. Ama lütfen, şimdi zamana biraz şans tanımalısın.

Kolay değil biliyorum "şimdi geçmezken" zamanın çare olacağını düşünmek zor anlıyorum.

Ama ne olursa olsun ayakta kalacaksın. Sadece, yaralarına bir süre daha üfleyeceksin.

Geçecek göreceksin.

"Peki, sonrası ve mutluluk mu? İşte ona "nasip" diyoruz, e hadi rasgele...

Allah varken "umutsuz olmak"
  özür dilerim ama biraz komik geliyor bana.
Hem Allah'ın varlığı,
  "umudun yokluğunu" döver unutma.

**Acaba Çok mu Saçmalıyoruz Diye
Düşünüyorum Ara Sıra!**

"Acaba çok mu saçmalıyoruz?" diye düşünüyorum ara sıra.

O kadar çok takılıp düşündüğümüz şey var ki, nice kapanmış konulara, geçip gitmiş insanlara bile yer veriyoruz bugün hâlâ hayatımızda.

Zaten seni beni yoran da bu; günün sonunda kalkıp diğer koltuktaki kumandayı alamayacak kadar halsiz düşüşümüz bu yüzden galiba.

Sonrası malum, açık olan kanalda ne kadar saçma program varsa, reklamlar dahil dönüp duruyor karşında.

Kendini o kadar yorgun hissediyorsun ki tüm bardaklar kirli olduğu için bulaşık makinesinde ama bulaşık makinesinden bir tane su bardağı alıp yıkamak yerine çay bardağıyla su içiyorsun mesela.

Neden?

Çünkü o kadar hoyrat davranıyorsun ki şu ana, dünü de sıkıştırıyorsun şimdiki zamana. Bir koltuğa iki karpuz sığmaz diye bir atasözü var çok seviyorum.

Aynı anda geçmişi ve şimdiyi yaşayamazsın anlatabiliyor muyum? Yorulursun!

Geçmişte ne olduysa ne yaşandıysa, kim geldiyse kim gittiyse, ne söylendinse sana ne söylenmişse bitti! Bugün hâlâ dünü düşünüyor olmak, dün için kafa yormak, seni mutsuz etmekten başka hiçbir işe yaramayacak dün için ağlamak!

Ayrıca suyu da su bardağıyla iç bundan sonra. Her şeyin bir yakışığı var; tebessümün yanaklarına yakışması gibi mesela. Hayatı torna tezgâhından çıkmış gibi yaşayamazsın.

Senin hayatın torna tezgâhında şekillenmiyor ki; her şey olması gerektiği gibi kusursuz ve sorunsuz olsun.

Yemek yediğin kaşık, çatal, şişe açacağına, evinde kullandığın tüm metal aksesuvar ve eşyalara varıncaya her şey işlevine ve amacına uygun olarak kusursuzdur.

Çünkü bütün eşyalar amacına uygun, hizmet etmesi gereken konu üzere üretilmiştir. İşlevseldir.

Oysa senin hayatın, en olmadık yerde en olmadık sürprizlere açık, beklenmedik anlarda beklenmedik olaylara gebe.

Hele bir yüzün var ki; yanaklarından yaşlar da akıyor, gülücükler de açıyor.

Hal böyleyken senin hayatın sayı doğrusu gibi düz, tornada işlenmiş gibi kusursuz ve gümüş bir yemek kaşığı gibi göz alıcı olabilir mi?

Olamaz, çünkü senin uğraşman gereken birçok sorun ve bütün bunlara rağmen ayakta kalmaya çalışan bir sen var. Bu yüzden defalarca yere kapaklanmaya da hata yapmaya da hakkın var. Hem kusursuz ve sürekli her şeyin düzgün işlediği bir hayat bence çok saçma olurdu. Yaşanan hep aynı şeyler, sıradanlıklar insanın uykusunu getirir. Hiç cazip ve çekici değil! Biraz aksiyon iyidir, hayata hareket getirir!

Gülmek,
hiçbir fondötenin yapamayacağı kadar
bir kadını güçlü gösterir!

Kaderinle İyi Geçin Çünkü Onu Hiçbir Zaman Yenemeyeceksin!

Kaderinle iyi geçin, çünkü onu hiçbir zaman yenemeyeceksin...
Sonra zamanla da yarışmaya kalkma! Bu, kaybedeceğin bir yarış için bile bile lades demekten başka bir şey olmayacak ayrıca!
Bırak nasıl istiyorsa öyle geçsin, zaman içinde en büyük ceza Onu "umursamamak" olacaktır rahat ol, kasılma!
Hata ve yanlışlarınla mutlu ol!
Onların bir parçan olduğunu aklından çıkarma. Hem "hata yapmak için" yaşıyor olmak gerektiğini de unutma!
Hatalarından dolayı seni eleştirip burun kıvıranlara da aldırma!
Kırılma ve çok takılma!
Unutma ne kadar çok "takılırsan" o kadar çok yavaşlayacaksın!
Hem gülüp geçebilmekte saklı hayat biraz da!
Ayrıca "hayatta kötü olan her şey" sadece seni bulmuyor!
Tüm sorunlar yalnızca senin hayatında üst üste gelmiyor!

Düşündüğün gibi bir tek senin hayallerin yıkılmıyor!
Bir tek senin güvendiğin dağlara kar yağmıyor! Sadece senin sevdiklerin yalan söylemiyor! Geceleri bir tek senin yastığın ıslanmıyor!
Bir türlü anlaşılmayan yalnızca sen değilsin!

Beni de pek anladıklarını söyleyemem insanların!

Şu mutsuzluğu tek başına üstlenmeyi bırak, herkes seninle aynı şeyleri yaşıyor.

... ve unutma mutluluk kendi gelmiyor, bir şekilde yakalamak gerekiyor!

Bir Parça Tebessüm!

Bir parça tebessüm karşınızdaki insanı çok mutlu edebilir.
Bir parça mutluluk, sizi hayata bağlayabilir ve bir parça umut, sizi, ayakta tutabilir.
Bir bakış, sizi, göklere çıkarabilir.
Tatlı bir söz, ayaklarınızı yerden kesebilir ve kötü tek bir söz, sizi yerle bir edebilir.
Sadece bir anı, sizi çok mutlu edebilir.
Bir anlık sinir, hayatınızı karartabilir.
Geleceğe dair bir hayal, hayatınızı değiştirebilir.
Kötü tek bir anı, suratınızı düşürebilir.
Bir parça ekmek, bir kuşu doyurabilir.
Sadece bir gül, sevgilinize dünyaları bağışlayabilir.
Tek bir yalan, sizi, sevgilinizden edebilir.
Tek bir kişinin yokluğuyla koca şehir boşalabilir.
Milyarları barındıran dünya bedeninize dar gelebilir.
Küçük bir mutluluk, sizi çok mutlu edebilir.
Bir kâğıda çok şey yazılabilir.
Bir tek onun ismini yazmak tüm kelimelere bedel olabilir.
Çok sevdiğiniz birisi, her şeyiniz olabilir.
O birisi olmayınca herkes anlamını yitirebilir.
Aşk, tek hecedir ama tüm sevişmelere bedeldir.

Sevişmek, kalabalık bir kelimedir ama tek bir aşk etmeyebilir.

Tek bir güneş, yaşam kaynağıdır ama milyonlarca gezegen, hiçbirimizin umurunda değildir.

Bir kimyasal elementin bütün özelliklerini taşıyan en küçük parçacığın "atom" olduğu herkesçe bilinir.

Anne bir tanedir; baba, bir tanedir.

Çok kalabalık aileler olabilir ama her kardeşimiz tektir ve ondan sadece bir tanedir.

Bir çocuk size çok şey öğretebilir.

En önemlisi, onun gözlerinde masum bir hayat izlenebilir.

Bir ekmek, size tok bir gün geçirtebilir.

Bir sofra başında, tüm aile bir araya gelebilir.

Bir gün, bu kahpe hayat, size de gülebilir ve bir gün bu hayat sizi de güldürebilir.

O yüzden burun kıvırmadan sahip olduklarınıza,

Bir bir sahip çıkın, sizin olanlara...

Çay, Simit, Üçgen Peynir Ortaklığı

İnsanlardaki akıl almaz telaşı anlamak bazen mümkün olmuyor. Oysa hayat bu kadar telaşa değecek ve kendi ürettiğimiz problemler kadar matematik içermiyor. Aslında hayatın kuralı çok basit; ne yaparsan yap her şey olacağına varıyor! Hayat bu kadar basit ve bunun kabul edilmesi gerekiyor. Zaten mutlulukta buna tevekkül etmekle başlıyor. Ayrıca mutluluk masallardan fırlamış bir hayat mı? Yoksa bir elinin yağda diğerinin balda olması mı? Bence mutluluk çay, simit, üçgen peynir ortaklığı! Tabii bir de aynalara utanmadan bakabilmekte saklı! Ben hep böyle baktım hayata!

... ve şu şikâyet edilen yalnızlık kime göre neye göre yalnızlık acaba? Hem Allah varken yalnızlıktan şikâyet etmek biraz komik oluyor galiba?

*Geçmez sanılan her şey gibi
zaman da geçer...
Ve bir süre sonra "sabır" her şeyi halleder.*

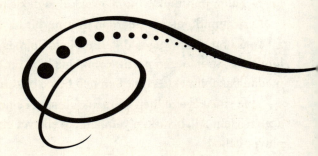

Bilmiyorum Nasıl Beceriyorlar
Gram Kemik Olmayan Kalbi Kırmayı Acaba?

Hayatta hiçbir şey göründüğü gibi değil; mesela kimi kişilerin "kişi" olmaması gibi. Bu belki çok basit bir örnek ama yine de güzel olduğunu düşünüyorum hayatı ve insanları anlatabilmek adına!

E tabi şaşırıyor insan, karşılaştığı bu gibi "sürprizler" karşısında! Mesela "etrafta güler yüze, tatlı dile kandığı için" üzülen bunca insan olmazdı, her şey ya da herkes göründüğü gibi olsaydı galiba.

... ve bu sürprizlerin en kötüsü olarak yazılabilir liste başına! Ne kadar da can yakar değil mi, "sürpriz" doğum günü pastası mumları yerine, "geçsin" diye yaralara üflenmesi?

Böyle bir durum karşısında yaşadığın "hüznü" yalnızca sözlük anlamı karşılar mı bilmiyorum ama "üzülmek; bir olay, bir durum karşısında incinmek, rencide olmak" değil yalnızca.

Sen "üzülmek" diye yazarsın; gözyaşı, kırgınlık, kırılmış gurur, kandırılmak ve uykusuz geceler diye yaşarsın!

Üzülme, hepimiz kandık zaman zaman; bir gülüşe, bir tatlı söze diyeceğim ama çok da faydası olmayacak sana.

Biliyorum, "kırılan yerin acıyor hâlâ"!

... ve bilmiyorum nasıl beceriyorlar gram kemik olmayan kalbi kırmayı acaba?

"Üç vakte kadar güzel şeyler olacak" diyebilecek kadar iddialı değilim ama güzel şeyler de olacak hayatında söz veriyorum sana! Hadi gül!

Gülmek Hiçbir Fondötenin Yapamayacağı Kadar, Bir Kadını Güçlü Gösterir!

Hayat senin yaşamak istediklerin değil, kendisinin ne verdikleriymiş!

Kimsenin arşınına göre bez vermezmiş, önemli olan verdikleriyle yetinebilmekmiş!

Hiçbirimiz film kahramanı değiliz, bazı şeylere gücünün yetmediğini kabul etmek gerekirmiş!

... ve mutluluk elde edebildiğin kadarıyla, yaşadıklarına eyvallah diyebilmekmiş.

Kurulan her hayal gerçekleşmeyebilirmiş!

Zaten hayal kurmak yorgun bir günün ardından oturduğun koltukta tatlı bir uykuya dalıp güzel rüya görmek gibi bir şeymiş.

Bir nevi gerçeklere mola vermekmiş.

Gülmek gerçekten önemliymiş!

Tebessüm edebilmek güzel giyinmek kadar mühim bir şeymiş.

Mesela allık, yüzde birçok şeyi kapatabilirmiş ama üzüntüyü gizleyemezmiş.

Oysa gülmek hiçbir fondötenin yapamayacağı kadar bir kadını güçlü gösterebilirmiş.

Bolca çikolata yemeliymiş!

Hayatı tatlandırmak, yol üstünde bir bakkaldan alınan çikolatayla bile mümkün olabilirmiş.

Çünkü yetinmek çok güzelmiş, yoksa tatlar fazlası ve mutluluklar için fazlasıyla bedel ödenirmiş.

Fazlası bedeller fazlasıyla üzermiş. "Üzülmek" telaffuz edildiği kadar kolay değilmiş. Daha fazla üzülmeden sahip olduklarına şükredebilmek gerekirmiş.

"Çok da Tın Diye Bir Şey Var", Kullanın Ara Sıra!

Yaşadıklarına,

Yaptıklarına,

"Yapamadıklarına",

"Hatalarına",

"Elinden gelmeyenlere",

"Gücünün yetmediklerine" çok aldırma ve lütfen çok takılma. Bütün hata sende miydi? Hep yanlış olan senin yaptıkların ya da "yapamadıkların" mıydı sanki? Bırak Allah aşkına! Gitmek isteyen "Gözünün üstünde kaşın var" deyip, yine gidecekti sonunda! Gidenin her dediğine "tamam demediğin" için de rica ederim kendine kızma. Sen "koyun" değil insansın sonuçta! Emin ol elinden gelen her şeyi yaptın, gitmek istedi ve gitti, sebep her neyse sadece bahaneydi!

Unutmadan bu arada, "çok da tın" diye bir şey var kullanın ara sıra! Ayrıca, çok düşünmeyince,

Çok önemsemeyince,

Kimseden çok da bir şey beklemeyince ve çok değer vermemen gerektiğini öğrenince,

Üzenleri boş verebilince,

Ayakta kalıp her şeye rağmen gülebilince,

Bir de bebeklere "Ceee!" yapıp onları güldürünce, hayat çok güzel. Deneyin!

Kalp Kırıkları İçin Merhem Satmıyorlar Bakkalda!

Kimseye kızma, o kadar çok şans verdin ki insanlara, hata yapmaktan hiç çekinmediler "affedecektin nasıl olsa"!

Sana yalan söyledikleri için de kızma, sen inanmayı seçtin onlara. "Kaybetmek kolay, önemli olan fedakârlık yapabilmekti sevdiklerin adına."

... ve en kötüsü de izin verdin seni kırmalarına. Nereden mi biliyorum?

Başkalarını düşündüğün kadar kendini düşünseydin, eminim izin vermezdin canını bu kadar yakmalarına.

Ama artık "kendine gel"!

Kalp kırıkları için merhem satmıyorlar bakkalda ve sen de en az herkes kadar değerlisin.

Bir canın var, tarlada yetişmiyor o da.

Hayatınızdan çıkarmanız gereken insanlar olur bazen etrafınızda.

... ve bir son vermek gerekebilir varlıklarına.

Her şeyden önce bunu kendine itiraf etmekten korkma.

Gerçeklerle yüzleşmek bugün olmasa da sonrasında seni mutlu edecek inan bana.

Gerçeklere gözlerine kapatarak, her gün biraz daha fedakârlık yaparak, hiçbir şey yokmuş, her şey yolundaymış gibi yaşamak, seni mutsuz etmekten başka hiçbir işe yaramayacak yalancı mutluluklarla yaşamak.

Cesur ol!

Giden gitsin.

İnan bana, ölmeyeceksin!

Seni Kıranlardan Çok Daha Değerli Annenin Öperek Taradığı O "İpek" Saçlarının Tek Bir Teli Bile Unutma!

Ne demek "Canım hiçbir şey istemiyor!" "Hiç halim yok, elim kolum kalkmıyor!"

Saçmalama, kalk ayağa! Ayıp olacağını bilmesen kılığına kıyafetine de dikkat etmeyeceksin galiba?

Peki, o saçlarının hali ne? Seni kıranlardan çok daha değerli, annenin öperek taradığı o "ipek" saçlarının tek bir teli bile unutma!

Hem sen nasıl vefasızlık edersin değmeyecek insanlar için, annenin dudaklarının değdiği saçlarına?

Püskül mısırda güzel durur, kim dedi "Saçlarda püskül moda" diye sana? Kendine gel!

Ayrıca gözyaşı hiç yakışmıyor yanaklarına ve artık özen göstermelisin kırılan şu tırnağına.

Biraz da kendini düşünsen, her şey nasıl da güzel olacak bir bilsen!

Ama sen saçlarına bakmıyorsun, tırnağına özen göstermiyorsun, öyle bir "bitkinlik hali", televizyonu bile yatarak izliyorsun. Canını sıkan her ne zıkkımsa geçmemesi için elinden geleni yapıyorsun.

Pejmürde pijama içinde günleri öldürüyor, "Canım hiçbir şey istemiyor" deyip duruyorsun! Ne yani canın şimdi dondurma bile mi istemiyor?

Bir nefes al, rahat bırak kendini, göreceksin geçmez dediğin şeylerin nasıl da geçtiğini. Mesela hemen şimdi kalk elini yüzünü yıka. Bir önceki gece gibi bu gece rimelle uyuma!

Zaten canın yanıyor, bir de gözlerin yanmasın sabah uyanınca. Yazık değil mi o kirpiklerine! Bak küserim yoksa sana!

*Şu anı ne olursa olsun
dimdik ayakta yaşa.*

Eğer ömrün vefa ederse,
yarın yeni bir gün unutma!

Odan Duman Altı,
Camı Arala Perdeler Sararıyor!

Zoruna giden "bir iyi geceler mesajı gelmemesi" değil eminim ki. Eğer öyle olduğunu bilsem her gece "İyi geceler" mesajı atardım sana. Hatta "Günaydın" mesajları bile yazabilirdim, hem topu toplamı kaç lira bu "iyi geceler" mesajının Allah aşkına?

Ama problem bu değil senin için! "İçinden çıkamadığın cevaplanması gereken sorular bekliyor" seni değil mi?

İçin daralıyor, gözlerin doluyor, "oysa nasıl da içini açmıştın" O'na ya da insanlara!

Ama şunu bil lütfen, insanların düşünceleri değişebilir, insanlar başkalaşabilir, verilen sözler unutulabilir, söylenmiş sözler söylenmemiş sayılabilir.

Senin bir suçun yok burada. Hayat kimilerine "dansöz" rolü biçiyor ve senin şanssızlığın, karşındaki veya karşındakiler rolünü şahane oynuyor.

Bu arada odan duman altı, camı arala perdeler sararıyor.

İnan anlıyorum seni. Kalbinin nasıl incindiğini, giderayak seni suçlu ilan etmelerini, e bahanelerin de bir kılıfı olmalı değil mi? Hele o bahaneleri yok mu "yeme de yanında yat"(!) Zaten sütü de kedi değil, sen devirdin(!)

Bütün bu yaşamış olduklarında senin bir suçun yok üzülme.

Mesele şu ki; ne kadar fazla sevip, güvenir, değer verirsen; o kadar fazla üzülüyorsun!

Üzgünüm ama oyunun kuralı bu! Kaybediyorsun.

"O yapmaz" dediklerimiz, bal gibi yaptılar(!)

"Gitmez" dediklerimiz gittiler.

"Asla olmaz" dediğimiz ne varsa, oldurdular girip çıkarken hayatlarımıza!

Bilemiyorum ama fazla iyi niyet, aptallığın eşanlamlısı mı acaba?

Sahi, dikenin yaradığı bir deve vardı(!)

Nerede o, haberi olan var mı?

Mars'tan Önce Dünya'da Hayat Olup Olmadığını Araştırmalılar Bence

Neden kendini bu kadar üzüyorsun, hep kendini suçluyorsun! Herkes mükemmel tek eksik sende mi, herkes kusursuz dünyadaki tüm yanlışların sebebi senin eksiklerin mi? Hatasız mı olman gerekiyor ya da hiç yanlış yapmaman? Neden herkes kadar rahat davranamaman! Ne mükemmel olman gerekiyor ne kusursuz! Bırak kusursuzluk mükemmel olmanı isteyenlere kalsın! Sen, ben sıradan insanlarız, yaşasın kusurlarımız! Çok da ince düşünceli olma her zaman. Bazen düz yaşa. Buzdağının altını görmen gerekmiyor her zaman.

Çünkü mutluluk dedikleri detaylarda değil, "olduğu kadarında" vücut buluyor çoğu zaman.

Ayrıca detaylar karmaşıktır, bunaltır. Detaylar mesela, genellikle benim canımı sıkıyor. "Bugün neler yaptın anlat bakalım?" desem ilk başta can sıkan şeyler gelecek aklına.

Çünkü can sıkıcı şeyler mutluluktan daha çoktur hayatta!

Güzel olan şeylerin yeteri kadar çok olmadığı gibi dünyada...

Boş ver, idare et, bozuk saat bile günde iki kez doğruyu gösterirken öyle ya da böyle mutluluk da düşecek bir şekilde bir gün kapına.

Zaten mutlu olmak için bu dünyada şartlar pek uygun değil. Mars'tan önce Dünya'da hayat olup olmadığını araştırmalılar bence.

Kimseden seni her zaman doğru ve istediğin şekilde anlamasını bekleme.

Kimse annen değil ve annen gibi kendinden çok seni düşünmeyecek hiç kimse.

En iyisi ne biliyor musun?

Bir önce toparlanıyorsun, bazı şeylere çok aldırmıyorsun, mümkün olduğu kadar boş veriyorsun, kendini çok seviyorsun ve her şeyin güzel olması için kendinle beraber benim için de dua ediyorsun, rica ediyorum.

Karıncanın ayak sesini duyan Rabbim seni de duyar mutlaka ve vakti gelince duaların kabul olur korkma!

"Erkek Adam Ağlamaz" Saçmalığı Nedir Ya!

Erkeklerin de insan olduğunu unutuyor, erkeklere haddinden fazla anlam ve sorumluluk yüklüyorsunuz!

Onları hep güçlü görünmek zorunda bırakıyor, bilmeden de olsa duygularını gizlemelerini öğretiyorsunuz.

Sonra romantizm ve sürekli tebessüm eden bir adam bekliyorsunuz.

Sürekli güçlü görünmek zorunda olan bir erkek, tabii ki oje sürmene de yardımcı olmaz, bulaşıkları da durulamaz, çamaşır da asmaz, sana hangi rengin daha çok yakıştığıyla da ilgilenmez, saç kırıklarını aldırmanı da söylemez.

Neden?

Çünkü erkek adam böyle şeylerle ilgilenmez!

Çünkü toplum ona bunu öğretti.

Çünkü toplum ona her zaman sert ve güçlü görünmeyi dikte etti!

Sevgili anneler, çocuklarınıza erkeklerin de ağlayabileceğini öğretin. Kadın-erkek ilişkilerinde mutlu bir toplum "alınmış diplomaların" çokluğuyla değil, ilk adımla birlikte sizin öğreteceklerinizle mümkün olabilir!

"Erkek adamın" ağlayabileceğini de, çamaşır asabileceğini de, annesine gösterdiği saygıyı diğer kadınlara göstermesi gerektiğini de öğretin erkek çocuklarınıza!

"Erkek adam ağlamaz" saçmalığı nedir ya!

Bizler "Süpermen" değiliz! Evet, "men"iz ama "süper" değiliz!

Ayrıca bir şey daha, erkeklerin de dizleri düştükleri zaman en az kızlarınki kadar çok acıyor!

... ve şefkatle birisi yarasına üflesin istiyor!

Ben de Yalnızım Gel Kahve İçelim.
Sen Oradan Yudumla Ben Hissederim!

İnsanların sana, yaşayışına ve hayatına karışmaları senin müsaade ettiğin kadardır.

Hayatın hakkında rahatça konuşabilen insanlara kızma, unutma sen izin verdiğin için karışabiliyorlar hayatına.

Hayatına karışanlara "Sana ne?", hakkında düşündüklerine "Bana ne?" demedikçe mutluluk zor!

Hayatına olur olmadık zamanda müdahil olan insanlardan yorulduysan eğer, önce kendine çekidüzen vermelisin.

Mesela kimsenin senin yerine düşünüp "hayatın oyun sahnesiymişçesine" kalbin üzerinde dilediğince oynamasına izin vermemelisin.

Senin hayatın, düğün salonu pisti değil ki, tüm tanıdık hısım, akraba dilediği gibi üzerinde eğlensin!

Kendine gel! Hayat senin hayatın, iyisiyle kötüsüyle ona yalnızca sen şekil vermelisin!

Kendinle ilgili hiçbir şeyi hiç kimseye açıklamak zorunda değilsin. Neyi, neden yaşadığını yalnızca sen biliyorsun.

Ne olunca ne yapacağını, neyin karşısında nasıl bir hal takınacağını senin bugüne kadar yaşadıkların belirliyor ve hiç kimse senin şimdiye kadar ne yaşadığını bilmiyor.

Seni davranışların sonrası yadırgadıklarında aldırma; çünkü hiç kimse aslında seni tanımıyor.

"En yakının olduğunu" sananlar bile içindeki seni bilmiyor.

Oysa nice "yutkunuşlar, yaşanmışlar içinde saklanıyor ve hiç kimse anlamıyor".

İşte "yalnızlığın" buradan geliyor.

Ben de yalnızım gel kahve içelim.

Sen oradan yudumla ben hissederim.

"Yalnızlık" Diye Bir Şey Var, Hepimiz Dibine Kadar Yaşıyoruz!

Bazen susman gerektiğini hissedersin. Zaten ne anlatabilirsin ne anlaşılabilirsin.

Nereye kayboldu onca kelime bilemez, susar bir kenara çekilir, canını yakan her neyse bir an önce geçmesini beklersin.

"Allah kahretsin zaten başka da şansın yoktur" bilirsin!

"Anlatamayacağın şeyler vardır, bir başına olduğunu düşündüğün zamanlar."

İşte yalnızlık da zaten böyle bir şey, etrafındaki kalabalıkla değil; seni anlayabilen veya anlamayanlarla eşdeğer!

Ama anlaşılmadığını ve yalnız olduğunu hissettiğin anlarda önemli olan o gün kendine her zamankinden daha çok sahip çıkman.

İnsanlar bir tarafa, sen de olmazsan o gün senin yanında, işte o zaman kaybedeceğini unutma.

Bunun haricinde zaten hepimiz yalnızız. Kaçımız anlaşılıyoruz ya da anlatabiliyoruz?

Yalnızlık diye bir şey var; hepimiz dibine kadar yaşıyoruz. Kendini sev!

Aynaya bakınca gördüğün yüz var ya, işte o bu dünyanın en şanslı yüzü; bedeninde can bulduğu için unutma.

... ve o aynanın karşısındaki yüzün sahibi var ya, kimseye ihtiyacı yok kendini sevdikten sonra.

Eğer gün olur; yanında birine, omzunda bir ele ihtiyaç duyarsan, seni olduğun gibi kabul eden insanlara yer ver o gün hayatında.

Hatalarınla, yanlışınla, varlığını "iyi" ya da "kötü" sahip olduklarınla benimseyebilmiş olanlara.

Geriye kalanları unut gitsin, ihtiyacın yok onlara.

Çünkü seni gerçekten sevip, benimsemiş insanların "değişmen" veya "taviz" vermen adına senden hiçbir beklentisi olmaz, senin "iyiliğin" ya da "mutluluğundan" başka.

Seni "sahip olduklarını" ya da "olamadıklarınla" benimsememiş olanlar, gitmeye her zaman hazırdırlar.

"Yaşadıklarınızın bir önemi yok", "önemli olan" onların "beklentileri ve çıkarlarıdır".

Kadınlar Uzaylı mı?

Kadınlara sevdiğinizi söyleyin, benimseyin, sahiplenin.

"Kadınları anlamak zor" hikâyesine çok inanmayın!

Önce uzaydan gelmediklerinin farkına varın.

... ve anlamanın, anlamak istemekle başladığını unutmayın.

Siz konuşurken yalnızca "evet-hayır" derken, kadınlar buna "olabiliri" de ekleyebilir.

Bütün fark ufacık birkaç kelime değişikliğidir.

Hepsi bu!

Aslında kadın-erkek değil sadece, tüm ilişkilerde bu böyledir.

Aynı dili konuşmak, aynı kelimeleri kullanmak değil.

Önemli olan karşındaki insanı anlamayı istemektir.

Londra'daki kızın ne demek istediğini anlamaya çalışırken çeviri programları başında vakit harcamak mesela...

İşte bu anlamayı istemektir anlatabiliyor muyum acaba?

Anlamak için dinlenildiği zaman, anneni de anlayabilirsin galiba.

Ya da kız kardeşini, sevgilini veya çocuklarının annesini.

Bakmayın siz detay metay da sevmez kadınlar aslında.

Ne kadar fazla ayrıntıyla uğraşmak zorunda kalırlarsa o kadar bunalırlar çünkü gündelik hayatta.

Doğum günleri, evlilik ya da başka özel günlerin tarihlerini hatırlıyor olmak da "detay" değildir ayrıca.

Bunun bir detay olduğu saçmalığını kim neden uydurdu bilmiyorum ama kadın-erkek fark etmez, özel günlerin tarihlerini zaten biliyor olmak gerekir sonuçta!

Bu detay değildir, olması gerekendir. Doğrudur "hadi" deyince hemen öyle evden çıkamaz kadınlar.

Sular kontrol edilir,

Ocağa bakılır, pencereler kapatılır.

Balkonda çamaşır varsa "Yağmur yağarsa ıslanmasın!" diye toplanır.

Senin ya da senin gibi diğer ev ahalisinin kıyafetleridir onlar!

Yoksa ülkede kaç kadın filmlerde olduğu gibi yaşıyor,

Bir oda dolusu elbise ve ayakkabı arasında seçim yaparken evden çıkmak için geç kalıyor(!)

Mutlu olmak için de gerçekten olağanüstü şeyler istemezler.

Beraber çekirdek yemek,

Sevdikleri diziyi onlarla izlemek,

"Saçların ne kadar güzel" deyip, aralarında parmaklarını gezdirmek...

Böyle çocukça şeyler kadınları çok mutlu eder.

Kimseyi mutlu etmek için gelmedin hayata.
Ne birilerinin istediği gibi olmak zorundasın
ne de birilerinin keyfine göre yaşamalısın.

Geçmez Sanılan Her Şey Gibi Zaman da Geçer ve Bir Süre Sonra "Sabır" Her Şeyi Halleder!

Hiç kimseye kızgın, kırgın değilim. Nefret etmiyorum, kin gütmüyorum.

Yapılanları, yanlışları, hataları; ne aklımda tutuyorum ne içimde taşıyorum.

Yaşadıklarım için pişman değilim ve hiçbir şey için "Bu benim başıma nereden geldi?" demedim. Yaşanması gerekenler yaşandı diyorum. Ben hayata böyle bakıyorum.

Tabii ki yaşatılanları unutmuş değilim. Ama dünü bugüne taşımak da sanki "renklilerle beyazları" karıştırmak gibi...

Düşünsene, dünün bugüne sindiğini, alalı beleli. Hiç gerek yok.

Neticede benim için bazıları değerini öyle yitirdi ki eskiciye versem yerlerine mandal bile vermez galiba(!) Üzgünüm!

Onca değer verdiklerim şimdi bir bulaşık leğeni bile etmiyor ve bu gerçekten beni çok üzüyor!

Peki ya gözümden düşmeleri? Keşke yalnızca dizleri kanamış olsa.

Ama kırıntılar görüyorum maalesef, ayaklarımın dibinde hem de paramparça! Ayrıca "hiçbir şey" olup, yok olan insanlardan nefret de edemiyorsun.

Hem kin gütmek veya intikam duygusuyla yaşamak bence büyük saçmalık... Bu seni üzüp yoracağı gibi ayrıca ne yani ne yapacaksın? En fazla laf sokarsın. Hepsi bu kadar! Sana yapılanı sen, sana yapana da yapamazsın; çünkü sen o kadar kötü biri de olamazsın! En güzeli sana kötülük yapanı yaptıklarıyla beraber Allah'a havale etmek. Sonra geriye yaslanıp patlamış mısır tadında "intikam nasıl alınırmış" izlemek. İnanamazsın yok böyle bir film, çok keyifli!

Sen de olan biteni bir kenara bırak, oldubitti, geçti gitti. Tabii izler var mutlaka ve bir şeyler hep aklında. Canın sıkılıyor, uykuların kaçıyor!

Her ne yaşadıysan bilmiyorum ama hepimiz aynı şeyleri yaşıyoruz inan bana. Sadece biraz zamana ihtiyacın var, geçecek! Geçmez sanılan her şey gibi zaman da geçer ve bir süre sonra "sabır" her şeyi halleder!

Ama önemli olan, bir şeylere rağmen ayakta kalmak... Ayakta kalabilmek içinse "unutmak"!

Artık üzülme, en azından "Üzülmemek mümkün değil" deme. Hayatta her şey mümkün artık, kendine yalan söyleme!

Düşünme! Ilık süt iç, hadi kalk yat.

Daha sana güzel rüyalar uğrayacak; sonrası zaten "sabah".

Her Gün Bir Tane Çikolata Ye!

Herkesi mutlu etmek zorunda değilsin!
Herkesi zaten mutlu edemezsin!
Hem neden herkesi mutlu etmen gerekiyor?
Herkes seni mutlu etmek için birbiriyle mi yarışıyor?
Kimse için de yaşaman gerekmiyor; çünkü kimse senin için yaşamıyor.
Hataların da olacak, insanları mutlu etmeyen; "kendi doğruların da"...
Hem hatasız olmanı bekleyenler varsa, sorsana melek olmadığını anlamaları için ne yapman gerekiyormuş acaba?
Kendine iyi bak yeter! Herkesten önce sen lazımsın sana.
Kimseyi mutlu etmek için gelmedin hayata. Ne birilerinin istediği gibi olmak zorundasın ne de birilerinin keyfine göre yaşamalısın.
Her ne yaparsan yap kimseyi "çok mutlu" edemezsin.
Ayrıca seninle olmak isteyenler, mutlu etmeni beklemezler.
Onlar sadece varoluşunla bile mutlu olabilirler.

Bunun haricindekileri ayıkla hayatından ve burası önemli, her gün bir tane çikolata ye! Bu, seni senden beklentisi olanlardan çok daha mutlu eder.

Kimin hakkında ne düşünüp ne söyleyeceğini de hiçbir zaman çok önemseme.

Çünkü hiç kimseyi hiçbir zaman çok mutlu edemeyeceksin ve ne yaparsan yap, yaptıklarınla kimseye hiçbir zaman yetmeyeceksin!

Birileri arkandan hep bir şeyler söyleyecek, konuşacaklar, kuyunu kazacaklar.

Neyse önemli de değil zaten asıl mühim olan neyi nasıl yaşamak istediğin ve sen.

Başkalarının düşüncelerinin cehenneme kadar yolu var.

Sev kendini işte tüm yapman gereken bu kadar!

Aşırı yorgunluk ve halsizliğin için de söyleyebileceğim insanların hakkındaki düşünce ve sözlerini fazla önemsiyor olman...

"Sözleri, düşünceleri, kim ne dedi?"

"Hakkında ne söyledi, ne düşünüyorlar, acaba arkandan ne konuşuyorlar?"

Bırak! Aptalların da işi o, tabii ki saçmalayacaklar(!)

Kadınlar Çiçek Yemez

Kadınları mutlu etmek zor değildir aslında, yeter ki samimi olun onlara...
"Çiçek almayı unuttum" değil:
"Param yoktu" deyin mesela.
"Patron mesaiye bıraktı" değil:
"Arkadaşlarla çıkacağız" deyin onlara.
Arkadaşlarınızla çıkmanıza kızıp dudak düşürüyorlarsa da sizinle daha çok vakit geçirmek içindir o tafralar da.
Yoksa turşunuzu kurmayacaklar, emin olun hiçbir zaman asla!
Aldığınız çiçekler değildir onları mutlu eden...
Duygularınızı somutlaştırıp kalbinizi ellerine bırakıvermenizdir, yüzlerindeki çocukça tebessümü ettiren...
Kalbinizin çiçeklere dönüşmüş halidir onları güldüren.
Bu yüzden vazgeçemez kadınlar çiçeklerden. O çiçekleri kalbinize benzettiklerinden...
Yoksa çiçek çok da önemli değildir; zira ben hiç görmedim kadınlardan çiçek yiyen...
Sahiplenilmeyi sever kadınlar. "Kendi ayakları üstünde durma felsefeleri", güçlü görünme kaygısından...
Hesap sorar gibi değil, tebessümle "Neredeydin?" dediğiniz zaman, size tüm günü anlatıverirler o an.

Sıkıldığınızı belli etmeyin, otobüste birkaç durak ayakta gittikten sonra biraz oturup yaşlı teyzeye yer vermek zorunda kaldığını da anlattığı zaman...
Dinlenilmeyi sever kadınlar.
Düşüncelerine değer verildiğinde eşsiz bir huzura kavuşurlar. Düşüncelerine değer verdiğiniz an, yine kârlı çıkan siz olursunuz. O zaman, sizi yere göğe sığdıramazlar.
O kadar büyütürler ki taşırırlar sizi odalardan, sokaktan.
Çocuktur aslında bütün kadınlar.
Bu yüzdendir nazlanmalar... Elinde değildir ki çünkü hâlâ içindedir elinde pamuk şekeri, saçında kurdeleyle koşturan küçük kızlar ve annedir bütün kadınlar.
Bu yüzden her zaman sizden bir adım ötede yaşarlar; çünkü geleceğinizi onlar kurarlar.

"Hint Kumaşıyım" Hastalığı

Her şey çok güzel olacak! Bugün üzüldüğün şeyler için emin ol daha sonra üzüleceksin, hiç gerek yok "güzelim" canını sıkmaya.

Üzüleceksin, belki de ne yapacağını bilemeyeceksin bazı zamanlarda ama ne olabilir ki en fazla?

Sen, iki gün daha "senin için yazılmış şarkıyı" dinlersin.

Diğeri, iki gün daha biraz fazla alışveriş yapar.

Öteki, birkaç gün daha kendini yemeye verir.

Bir başkası, kuaför günlerini sıklaştırır, saç kestirir, fön çektirir...

Geçer gider! Giden gider ne yapalım kader!

Boş ver insanların ne yaptığını,

Ne dediğini,

Sana nasıl davrandıklarını.

Gelmelerini,

Gitmelerini,

Ya da seni dinleyip dinlemediklerini,

Yaşattıkları hayal kırıklıklarını, seni kırmalarını...

Bütün bunlar bir yana, bence senin en büyük sorunun haddinden fazla önemsiyor olman insanları. Hal böyle olunca burunlar Kafdağı'nda, tabii ki tepeden bakarlar sana(!)

İğne de senin elinde, balon gibi şişirdin patlatma sırası gelmedi mi sence de hâlâ?

Unutma, şöyle bir durum var kimi insanlarda, çok değer verince "Hint kumaşıyım hastalığı" başlıyor(!)
Yazık, kişilikte hasar var zira(!)

Belki de Hayatı Kaderin Ellerine Bırakmak En Güzeli. Kim Bilir, Hayata Vereceği Şekil Hoşuma Bile Gidebilir Belki!

Zamana bıraktım bazı şeyleri, olmazları oldurmaya çalışmak da zaten yordu beni.

Ne kollarım uzanabilir daha uzağa,
Ne gücüm yeter yapabileceğimin bir adım fazlasına.
Anladım! Ne olursa olsun vermeyecek hayat alnımdakinden zerre fazlasını bana.
Üzülmeyi bir kenara bıraktım yapamadıklarım için bundan sonra.
... ve kendimi rahat bırakmaya karar verdim. Kadere amenna!
Zamanla anlıyorsun "aslında birçok şeyi anlamaman gerektiğini". Mutluluğun biraz da görmezden ya da duymazdan gelmekte olduğunu...

Her şeyi bilmeyeceksin,
Her şeyi duymayacaksın,
Belki çok üstelemeyeceksin,
Boş vereceksin.
İşte bu yüzden "oluruna bırakmak" sözünü seviyorum.

Aslına bakılırsa kimi zamanlar da kaldıramıyorum. Her şeyi kontrol altında tutmak ya da istediğin şekli vermek çok da mümkün olmuyor, artık anlıyorum.

Belki de hayatı kaderin ellerine bırakmak en güzeli, kim bilir hayata vereceği şekil hoşuma bile gidebilir belki.

Neticede nasip diye bir şey var değil mi?

Hayat Nedir?

Hayat gözyaşındır, kahkahandır, eşin dostundur, arkadaşındır, kedin Boncuk'tur, köpeğin Çomar'dır, platonik aşkındır, not ortalamandır, saydığın şafaktır ve belini büken borçlardır!

Yaşadıklarındır, yanı başında olanlardır; sevmediğin işverendir, iş arkadaşlarındır.

Köşedeki bakkaldır ve hatta ev kirandır!

Hayat; sevdiklerinle, sevmediklerinle gördüğün insanlardır ve hayat sevsen de sevmesen de yaşadıklarındır!

Hayat, dışarıdadır. Yanı başınızdadır, elinizin altındadır!

Her gün gördüğün annendir ve babandan yediğin fırçadır!

Arkadaşından istediğin borçtur. Onun, "Bende yok ama bir de şuna soralım" dediği zamanki hoşluktur.

Bir kızı sevmektir. Onun seni sevmemesidir. Yazılıdan, vizeden, finalden sıfır çekmektir!

Sonra suçu hocaya yıkıp, "Zaten bana gıcık!" demektir.

Sokaktaki kediyi sevmektir. Bir köpeğin önüne, bir kap yemek dökmektir!

Keneye aldırmadan onu sevmektir. İçten bağlanıp ona güzel bir isim vermektir.

Arkadaşınla ortaklaşa simit alıp yemektir. Bir sigarayı paylaşmanın bolluğunda, sigarayı birlikte içmektir.

Okuldan eve yürüyerek dönmek, sonra arkadaşlarla, bu beş parasız hale kahkahalarla gülebilmektir!
Ağlamaktır, utanmadan sıkılmadan ağlamaktır!
Terk edilişine, sevilmeyişine kahırlanmaktır!
Hayat, iyisiyle kötüsüyle yaşamaya çalışmaktır!
Kardan adam yapmaktır. Çiçeklerin farkına varmaktır!
Her gün geçtiğin yoldaki dükkânların, farkında olmaktır!
Bir çocuğun başını okşamaktır. Top oynayan çocukların içine karışmaktır.
Yolda, yağmura yakalanmak; yağmurda, dibine kadar ıslanmaktır.
Durakta bekleyip donmaktır. Kendini, otobüse zor atmak ve o an, otobüsü, dünyanın en güzel yeri saymaktır!
Hayat, iyisiyle kötüsüyle gerçekten yaşamaktır!

Hasretin,
Bir Son Kullanma Tarihi Olmalı.

Gözyaşı, çocukların ulaşamayacağı yerde saklanmalı.
"Git" kelimesi, "Seviyorum" diyenlere yasaklanmalı...
Hasretin, bir son kullanma tarihi olmalı ve insanlar, "uzaklardan" muaf tutulmalı!
"Hayal etmek" zorunlu kılınmalı. Hayaller, gerçekleşmese bile yaşamak için bir neden olacaktır; umudun varlığı...
İnsanların, insan eliyle ağlatılmasına göz yumulmamalı. Ağlatan zevk alıyorsa "insan" sayılmamalı.
Herkesin bir uçurtması olmalı. Belli zamanlarda uçurması zorunlu tutulmalı. Başını kaldırıp gökyüzüne bakmayanların, bulutları görmesi sağlanmalı.
Her köşe başında çiçek satılmalı ve zaman zaman çiçek satın almak, mecburi tutulmalı. İnsanlara, sevdiklerine çiçek alma alışkanlığı kazandırılmalı. Çiçekler, asla "ot" değil... Gitmelere engel, sevmelere sebep ve kadının buketleşmiş hali olduğu hatırlatılmalı.
İnsanlar çok da özgür olmamalı belki de (konuşmak) kurala bağlanmalı!

Mesela, boş yere "seviyorum" demek suç sayılmalı ki başlarına bela olmalı yaşattıkları kalp kırıklıkları.

... Ve Mutluluk Bir Annenin Sesi Kadar Tatlı Geliyor Kulağa!

Çok şey değil istediğim aslında. Hepsi, herkes için biraz mutluluk, topluiğne ucu kadar da olsa.

... ve mutluluk... Bir annenin sesi kadar tatlı geliyor kulağa. Bir de bir kelimeden ibaret kalmasa roman sayfalarında, masallarda... Daha çok yakışırdı bir tebessüm halinde mutluluk, çocukların yanaklarına!

Elmaşekeriyle alınabilecek kadar kolay bulunabilseydi ve hayal kırıklıkları kadar yakın olsaydı her köşe başında...

Yoksa mutluluk, iklim şartlarından dolayı mı yetişmiyor ya da bulunamıyor bu coğrafyada?

Biz mi tanıyamadık, karşımıza çıktı da? Ne de olsa soyut bir kavram ve gören olmadı bugüne kadar hâlâ(!) Bahsedilen kayıp kıtayla mı yok oldu yoksa?

... ya da Kafdağı'nın arkasında mı acaba? Yoksa bu kadar kayıtsız kalmazdı galiba, çocukların gözyaşlarına!

... ve mutluluk da bu kadar çaresiz kalmasa müsaade etmezdi (!) sanırım, yeryüzünde gözyaşının bu denli fink atmasına!

Anneler var ağlayan ve çocuklar... Hayalleri, paramparça olmuş insanlar...

Bir puzzle misali hep parçaları tamamlamak zorunda kalanlar...

... ve mutluluk selam söylüyor sana, tüm insanlara!

Kimliğin "İnsanlıkla" Bir İlgisi Yok!
Henüz "Adamlığı" Belgeleyemiyorlar,
Öyle Bir Teknoloji Yok!

Tüm inandıklarımız neden bizi yanıltmak zorunda?
Peki, biz neden yanılıyoruz her defasında? İçtenliğin mükâfatı pişmanlık mı olmalı!
Pişmanlık...
Değer verilmiş olanlar için duyulunca ne kadar da acı.
"Çok acı" demek çoğu anlatmak için yetmez desem yeterli mi?
Ama şöyle anlatayım, "kırgınlık" sanki 10 ile çarpılmış gibi. Kabul ediyorum, kapanmayan yara yok ama bıraktıkları izler de pek hoş durmuyor varlığımızda.
... ve mutsuzluğun içinde değer verilmiş insanların elinin olması hiç hoş gelmiyor kulağa.
Neyse, her şey geçer gider. Hatta nasipte varsa bir şeyler bir gün yoluna bile girer.
Peki, araba yüküyle değer verilmişken üzenler nasıl affedilir?
Ama o iş bizi aşacak gibi, belki de en güzeli Allah'a havale etmek gerekir.

İnsanlara yalan söyleyip onları kandırabilirsiniz.
Arkalarından gülüp "aptal olduklarını" da düşünebilirsiniz.
İyi niyetlerini suiistimal ederek "eşek yerine" de kullanabilirsiniz.

Hatta samimiyetlerinden yararlanarak işlerinizi de tıkır tıkır yürütebilirsiniz.
Buraya kadar tamam, kabul edilebilir, anlaşılabilir.
Neticede "adilik" de bir meziyet, bir beceridir, takdir etmek gerekir(!)
Ama rica etsem bir kez olsun aynaya bakıp insanlığınızı (!) sorgulayabilir misiniz? Vicdanınızın sesini bir kez olsun dinler misiniz? Mavi ya da pembe kimlikleri boş verin.
Onlardan herkeste var, tüm yeni doğanlara veriyorlar.
Nüfus sayımında kelle hesabı kolay olsun diye o mavili pembeli kâğıtlar(!)
Yoksa kimliğin "insanlıkla" bir ilgisi yok! Henüz "adamlığı" belgeleyemiyorlar, öyle bir teknoloji yok!

Birilerine İnanıp Seni Kandırdıkları İçin Kendine Kızma!
Tabii ki "Aptal" Değilsin Saçmalama!

Bazen bazı şeylerin gerçekleşmesi için bazı şeylerden vazgeçmek gerekiyor. Çünkü hayat öyle bir şey ki her şeyde olduğu gibi hiçbir şeyde her şey aynı anda senin olmuyor.

Yine de şükürler olsun. Olduğu kadarına hamt olsun.

Hem çok mutlu olup hem her şeyin yolunda olduğu günler olmayacak hayatında. Mutluluk komasına falan da girmeyeceksin hiçbir zaman mesela. Hep bir şeyler eksik bir şeyler yarım kalacak mutlaka.

Dört dörtlük tabiri nereden niye çıktı bilmiyorum ama o sadece saçma bir tabir, dört dörtlük diye bir şey yoktur hayatta. Zaten hayat, sürekli eksikleri tamamlamak için yürünen bir yoldur unutma ve eksikler hiçbir zaman son bulmayacak bu yolda. Önemli olan utanmadan aynaya bakabilmek yolun sonunda.

"Vazgeçmen" gereken zamanlar olacak hayatta. Taviz vermen gereken anlar. İstemesen de eyvallah demek zorunda olacağın zamanlar.

Üzülme, neydi oyunun kuralı, her şeyde olduğu gibi hiçbir şeyde her şey aynı anda senin olmuyor.

Hayat bu, gülerken de, ağlarken de, eyvallah demeyi öğretiyor. Birilerine inanıp, seni kandırdıkları için sakın kendine kızma. Tabii ki "aptal" değilsin saçmalama!

Bence bir de şu açıdan bak olaya, insanlara inanıp güvendiğin için sen "aptal" değilsin de, birileri sana yalan söyleyecek kadar kötüleşebiliyormuş demek ki hayatta.

Yeter artık kendini suçlama. Ayrıca hayatta her an her zaman her şeyi doğru yapman gerekmiyor. Verdiğin kararlar, attığın adımlar... Kararların da yanlış olabilir, yolların da çıkmaz sokaklara düşebilir. Çünkü sen mükemmel değil insansın!

**Hepimiz İnsanız Saçmalamak Hakkımız ve
En Az Varlığımız Kadar Güzel Hatalarımız.**

Ne zaman bir şeyler yolunda gitse hep başka sorunlar çıkıyor. Acaba hayatın cilvesi midir bilinmez ama hiçbir şey olması gerektiği gibi olmuyor.

Ne hayaller düşünüldüğü gibi oluyor ne de istenen herhangi bir şey vaktinde gerçekleşiyor. Zaten hayatın bu saçma espri anlayışı da kendinden başka kimseyi güldürmüyor.

Soğuk nevale! Yoruluyor insan bir şeyleri tamamlamaya çalışırken. Sonra bir ara dönüp kendine bakıyorsun, bu kez de sende bir şeyler eksilmiş oluyor uğraşman gereken onca şeyi tamamlamak için çırpınırken.

Ya neşenden ya gülüşünden, hep bir şeyler eksiliyor yaşamaya çalışırken.

Yaşamak: Biraz gülmek biraz üzülmek "bir koltukta iki karpuz" değil zaman zaman verilen çabalarla o "koltukta" çift haneleri görmek!

Atalar da yanılırmış meğerse... Bugün o bahsettikleri koltuğa gülmeyi ve ağlamayı aynı anda sığdırdığımızı görseler gurur duyarlardı bence bizimle.

Zaten, dam üstünde saksağan gel bize sometime sometime(!)

Şu an bu cümlede olduğu gibi arada bir saçmalamak güzel oluyor bence.

Siz de deneyin, hayata muhalefet edin, onunla dalga geçin. Ona patronun kim olduğunu gösterin! Hayatın her dediğine "he" deyip size tepeden bakmasına müsaade etmeyin.

Hepimiz insanız, saçmalamak hakkımız ve en az varlığımız kadar güzel hatalarımız.

Ne yapalım sürekli savunmada kalacak değiliz ya; bir kontratakla biz de hayata böyle gol atarız.

Hem kim bilir belki bugün bir yerlerden güzel bir haber alırsın, eski bir dost görür ayaküstü iki dakika sohbet edersin.

Radyoda sevdiğin şarkının sonuna değil de ilk başladığı ana denk gelirsin, evde akşama sevdiğin bir yemek olur, belki bugün kimse canını sıkmaz, birileri seninle ilgili bir şeylere maydanoz olmaz, kalbin kırılmaz, belki bu gün bir çikolata alıp yersin.

Hatta bir dondurma alır daha da ileri gidersin, "Her şey olacağına varır" dersin, belki de bugün kendini çok üzmezsin. "Neticede kader diye bir şey var, her şey nasip" dersin.

Kim bilir, böylece biraz olsun hafiflersin.

Bez Sızdırıyor, Bebekler Pişik Oluyor!

"Geceleri uykum kaçmasın!" "Sabahları mutlu uyanayım!"
"Yalan sözler duymayayım!" "Hayal kırıklığı yaşamayayım!"
"Şu her şeye bir şey diyen 'el âlem'i unutayım!"
"Bir adım öteye giderek hatta hiç umursamayayım!" "Kafama bir şey takmayayım!" "Olur, olmadık şeyler için bunalmayayım!"
" 'Boş vermek' bence çağın buluşu, kıymetini bilip bol bol kullanayım!" "Giden olursa ben 'iki kere gideyim', 'bir adım gelen olursa ben de bir adım gideyim.' " "Zira fazlası zarar, yaşım kaç oldu artık bunu öğrenmeliyim!" diyorum. "İstiyorum" diye düşünüyorsun biliyorum.

Mutsuzsun, canın sıkılıyor. Bazen ruhun daralıyor, haksızlığa uğradığını düşünüyorsun.

Belki yanlış anlaşıldığını, belki de seni hiç anlamadıklarını...
"Alıp gidesin var yalnızlığını ve kimselerle uğraşmayı istemiyorsun artık!" Yorulduğunu hissediyorsun, soluklanmak istiyorsun.

Aslında bunları hisseden ya da düşünen yalnızca sen değilsin. Herkes bir yerlere gidip bir şeylerden kurtulmak istiyor.

Mesela bebekler bile onlarca sorunla uğraşıyor. Bez sızdırıyor, uykuları bölünüyor, kimileri pişik oluyor, biberonda süt sıcak oluyor, ağızları yanıyor.

Hayat bu! Bebekler bile onca problemle uğraşırken, gerisini sen düşün.

Kalk; biraz uyu ama üstünü ört üşütürsün.

... ve birçok şeyi bu kadar çok düşünüp, kendini bu kadar çok üzme.

Bazen "akışına bırakmak" gerekiyor bence.

Yanaklar Tebessüm İçin Çok Verimlidir ve En Güzel Gülücükler Gözyaşıyla Islanmış Yanaklarda Yeşerenlerdir!

Ben bir gün senin için de bir şeylerin güzel olacağına inanıyorum. Tabii sonrasında bir ömür gül bahçesinde yaşamayacaksın muhtemelen.

Zaman zaman yine çaresiz kaldığın anlar olacak; ama olsun bir gün bir şeyler güzel de olacak. Zaten hayatın anlamı sınırsız mutluluk, limitsiz kahkaha da değil. Hem bu hayat, ayakkabı reyonu değil ki, karşısında mutluluktan başın dönsün değil mi?

"Mesela oturduk anlatıyorsun bana. Kaybettiklerin, yenilgilerin, üzüntülerin ve nice nice insanlar için nice güzel şeylerden vazgeçişlerin."

Anlıyorum seni, seni nasıl da kırdılar! Başkalarını tabii ki anlayabilirsin ama çok sevdiklerinin yaptıkları yok mu nasıl da yaş olup gözlerinden aktılar.

Önce o yaşları siliyoruz yanaklardan. Sonra kendimize şöyle bir çekidüzen verip özür diliyoruz varlığımızdan.

Az önce seninle konuşurken kendin söylemedin mi! Nasıl da üzmüşlerdi seni. Hem seni üzenler için ağlamaya değer mi?

Sil gözlerini.
Peki, sana bir sır vereyim mi?

O gözyaşlarıyla ıslanan yanakların var ya; o yanaklarında gülücükler açacak daha sonra.

Hem yanaklar tebessüm için çok verimlidir ve en güzel gülücükler gözyaşıyla ıslanmış yanaklarda yeşerenlerdir.

**Hayat Kimseye Çok İyi Davranmıyor.
Sadece Bazılarımız Gülerken Biraz Daha İyi
Rol Yapıyor!**

Mutluluklarım,
Gözyaşım,
Yanılgılarım,
Yanlışlarım,
Zaferlerim,
Yenilgilerim,
Bekleyişlerim,
Hayal kırıklıklarım,
Kahkahalarım,
Korkularım,
Çaresizliklerim...
An oldu dünyanın en güçlü insanı bendim. Zaman zaman çaresizliklerime yenildim.

Senin gibi, hepimiz gibi. Aynı şeyleri yaşıyoruz, tek fark isimlerimiz. Senin ismin Ayşe veya Ahmet, benimki Cihad ama sonu "d" ile.

Hem filmin sonunda mutlaka iyiler kazanır, bizler iyi insanlarız üzülme.

Ayrıca düşünsene; Gargamel'in galip geldiği kaç bölüm izledin *Şirinler*'de?

Canını sıkan hiçbir şey bugün olduğu gibi kalmayacak.

Sadece biraz zamana ihtiyacın var. Bugün değil belki ama hallolacak. Bugün acıttığı kadar başka bir gün daha, canını bu kadar yakamayacak. Sen de bilirsin zaten, hiçbir şey olduğu gibi kalmıyor. "Tanıdığın kim ya da yaşadığın ne, ilk günkü gibi ilk halinde duruyor?

Hem hayatın içinde olan şeyler bunlar, bakma sen hayat kimseye çok iyi davranmıyor.

Sadece bazılarımız gülerken biraz daha iyi rol yapıyor.

Kalk toparlan hadi elini yüzünü yıka.

Bu "geçmiş" ne zaman geçecek? Ve "gelecek" ne zaman "güzel" gelecek, diyorsun ama üzülme; senin için de doğacak güneş bir gün.

Ama sabret biraz daha, uyuyakalmıştır mutlaka.

Kimsenin Annesi Sen Ağlatasın Diye Getirmedi "Canı Ciğeri" Yavrusunu Dünyaya!

Bahanelerin ardına sığınıp birini terk ederken söylenen "Kendine iyi bak" ya da "Sen çok iyi birisin" kadar saçma bir söz daha bilmiyorum.

Komik olma; madem kendine iyi bakmasını istiyorsun; Onu merak ediyorsun e neden kalıp ona sen "iyi" bakmıyorsun?

... veya "çok iyi biri" olduğunu düşünüyorsun o zaman neden terk ediyorsun?

Hem düşünsene ne kadar şanslısın, dünyada "iyi" olan çok az insandan biri tanesi seni sevmiş, daha ne yapmasını bekliyorsun, hiç bilmiyorum, Allah'tan belanı mı istiyorsun?

Ben sevmiyorum böyle, güya iyi insan pozlarını. İyi insan poz takınmaz, zaten insanlık da takıp takıştırmayla olmaz. Zira zorunlu insanlık ne kadar şık olursa olsun kimseye de yakışmaz.

Ne bileyim bir eğreti falan durur(!) Selülit gibi, ne yaparsan yap ne kadar güzel görünebilir ki!

Şu aptal, bahane sahipleri; açık olun, dürüst olun, net olun!

Bırak karşındaki ne kadar kırılıyorsa kırılsın ama ona gerçeği, onu sevmediğini söyle!

Artık hayallerinde yer almadığını, çocuklarının anne ya da babası olarak düşlemediğini de söyle!

Bir kere olsun iki dakika dürüst ol(!)
Çünkü neden biliyor musun? Ona giderayak küfür bile etsen, sonu olmayan ümitsiz bir bekleyiş kadar incitemezsin de o yüzden!

"Kendine iyi bak" demek şöyle dursun, eğer gidiyorsan sakın zerre kadar ümit bırakma. Kimsenin annesi sen ağlatasın diye getirmedi canı ciğeri yavrusunu dünyaya!

... ve şu bahanelerle giden zatlar, sizi de anlıyorum!

Belki de "çocuklukta" bir problem var. Yaşanmamış bir çocukluğun, edinilmemiş oyuncakların bünyede bıraktığı bir hasar var(!) Ama bu insanlarla "oynayabileceğiniz" anlamına gelmez.

Bir dipnot bunu da bilmenizde fayda var. Size de saygılar(!)

Öyle Şeyler Yalnızca Filmlerde Olur Kuzum!

Bugün filmlerde olduğu gibi tebessüm ederek uyanmamış olabilirsin, kalkar kalkmaz perdeleri de açmadın belki. Zaten öyle şeyler yalnızca filmlerde olur "kuzum".

Herkes çok çirkin ve mutsuz uyanır genelde, ben de öyle.

Bugün masallardan fırlamış gibi rengârenk bir gün ve etrafında tümüyle güler yüzlü insanlar da olmayabilir.

Canın da sıkılacak, mutsuz hissettiğin anlar da olacak.

Belki haksızlığa uğrayacaksın, çok sevdiğin biri tarafından kırılacak ama yine de susacaksın.

Gözlerin de dolabilir, kalbin de kırılabilir; bunlar hayatın içinde olan şeyler. Önemli olan bunları göğüsleyebilmek diye düşünüyorum ben.

Bir de her şeye rağmen ayakta kalmanı istiyorum lütfen.

Belki de hepimizin biraz zamana ihtiyacı vardır. Biraz zaman sonra her şey dört dörtlük olmasa da bir şeyler yoluna girecektir.

Peki, hal böyleyken şimdiden pes etmek biraz korkaklık değil mi?

Sanki savaştan kaçmış gibi,
Yelkenleri suya indirip teslim bayrağını çoktan çekmiş gibi.

Tüm ipleri elinden bırakıp hayıflanmak; sanki herkes bulutlarda yaşıyor, tüm sorunlar, mutsuzluklar senin omzundaymış gibi davranmak, bu karamsarlıktan başka bir şey değil gibi sanki ne dersin?

Kendine bir şans ver bence, hem de ilk sabahla birlikte!

Hadi Sana Tatlı Rüyalar, Kovalasın Seni Tavşanlar.

Ne olursa olsun hiçbir zaman hiç kimse için olmadığın biri gibi davranmaya çalışma!

Bu, seni küçük düşürmekten başka hiçbir işe yaramayacak ve kendinden her gün biraz daha taviz vererek maskeyle yaşamak, seni her gün biraz daha yoracak.

Kendin ol! Bugüne kadar nasıl yaşadıysan, nasıl yaşıyorsan, nasıl giyiniyor, nasıl yemek yiyorsan, hiç kimse için vazgeçme seni sen yapan taraflarından. Olur da vazgeçmen gerekirse bir gün doğrularından, bunu senden isteyenden vazgeçmelisin bence.

Eğer olduğun gibi kabul görmüyorsan, bu senin değil karşındakinin problemidir bence.

Keyfi bilir(!)

İnsanlar seni yanlış tanıyabilir, hakkında yanlış hüküm verebilirler.

Senin için "bir dünya" şey söyleyip, seni hiç olmadığın biri gibi de düşünebilirler.

Bunların hiçbir önemi yok, önemli olan vicdanındaki sesler! Yaptıklarının doğruluğuna inanıyorsan ve vicdanen rahatsan herkesin canı cehenneme, bırak paşa gönülleri nasıl isterse seni öyle bilsinler.

Başını yastığa koyunca uyuyabiliyorsan ve tek derdin "akşam yemeğini fazla kaçırmış olmansa", yatakta sadece bu yüzden dönüyorsan boş ver konuşsunlar.

Hadi sana tatlı rüyalar,

Kovalasın seni tavşanlar.

Tok Karna Antibiyotik!

Bence üstündeki bu "kırgınlık" ne üşütmeden ne havalardan; şu bir türlü kapanmayan yaralar halsiz düşürüyor seni zaman zaman.

Nane limon iyi gelir mi bilmiyorum ama yatak yorgan da yatsan geçmez, sanmıyorum.

Bence en güzeli, olup biteni bir kenara bırakıp yeniden doğmak belki?

Yeniden doğmak mı? Bence her şeyi unutmakta gizli!

Yoksa aç veya tok karna sekiz saat aralıklarla antibiyotik falan kurtarmaz bu halsizliği!

Önce bir çekidüzen vermelisin kendine ve herkesten önce, esas olanın yine sen olduğunu hatırlat kendine.

Başkaları üzsün diye ninniler söyleyerek büyütmedi annemiz.

Üzüldüysen de yas tuttuysan da yeter, artık kendine gelmelisin!

Dua mı eder silkelenir misin bilmiyorum. Ne yaparsan yap ama kapat o eski yaraları.

O eski yaralar ki çatlak diş sızısı; zehir ediyor olur olmadık anları!

Öyle yıprandın, öyle kabuğuna çekildin ki içinde bir "güvensizlik" hali!

Emin ol biliyorum, o kadar incittiler ki seni, saç uçlarına kadar yorgun, kirpiklerine kadar kırgınsın belki.

Ama öyle köşeye çekilip saklanmak mutlu etmez seni.
Hadi zorla biraz, kalk ayağa.
Unutma! Kimsen yok değil, tut elini ve kendini hiç bırakma!
Daha kimin olsun hayatta?

Bugüne Kadar Başkaları İçin Yaşadın da Mısır'a Sultan mı Oldun Sonunda?

İnsanlar hep konuşacaklar, kendi doğrularını dayatacaklar. "Şöyle olmalı" deyip haklılıklarını kanıtlamaya çalışacaklar.

Sanki sen düşünemiyormuşsun gibi, sanki bu yaşına kadar onların aklıyla gelmişsin gibi(!) Aldırma... Düşündüğün, istediğin ya da sevdiğin bir şeyin, senin için doğru olduğuna inanıyorsan durma! "Başarısızlıktan" ya da "başkalarının haklı çıkmasından" da korkma. Bütün mesele

"Ya pişman olursam?" korkusu mu? Eğer hataysa, bir kez daha pişman olursun. Ama kendi iradenle, kendin için karar vermiş olacaksın unutma.

Bu zamana kadar başkaları için yaşadın da, Mısır'a

Sultan mı oldun sonunda?

Öyle ya da böyle insanlar hep konuşacaklar! Aldırma!

Hep kendine kızıyorsun, kendini suçluyorsun. Üzülüyorsun, belki de ağlıyorsun. "Bir türlü beceremediklerin" için "bir türlü gücünün yetmediği şeyler" için.

Oysa ne "beceriksizsin" ne de "çok istediğin şeyler için az çaba sarf ettin"!

Kendine gel "âciz" hiç değilsin! Tek yapman gereken, nasip kısmet neydi bir daha düşünmelisin. Ayrıca "nasip" demek "âcizlik" değil, kadere tevekkül etmektir.

Daha fazla üzülme
      ve lütfen benim için iyi bak kendine.
Seviyorum seni,
"yapamadıklarınla" birlikte.

Hayata Fark Atmaya Gerek Yok.
1-0 Olsun Bizim Olsun!

1- Mutlu olmak istiyorsanız, mutluluğun peşinden koşmayın.
2- Kaçan kovalanır, unutmayın.
3- Sahip olduklarınızın farkına varın.
4- Önünüze bakın.
5- Ki mutluluğun peşinden koşarken sizi mutlu edecek şeyleri, farkında olmadan ayaklar altına almayın!
6- Bir kere olsun yere bakın.
7- Çiçekler yerde açar unutmayın.
8- Sonra dönüp arkanıza bakın.
9- Bu zamana kadar ayaklar altına aldığınız çiçeklerin farkına varın.
10- Şimdi: "Elin tavuğu, ele kaz görünür" sözünü hatırlayın.
11- Mutluluğu aradığınız "gökyüzündeki yıldızların" da birer kaz olduğunu anlayın.
12- Arkanıza yaslanın.
13- Çiçekler ne kadar güzel kokuyor, şimdi farkına varacaksınız!

Hayata dair unutulmaması gereken bir şey var ki o da kanaatkâr olmak. Kanaatkâr olmak, yetinebilmek, elinde olanın kıymetini bilip, hakkıyla sahip çıkabilmek mutluluğun ilk kuralı diye düşünüyorum ben.

Neticede şöyle bir durum var ki, çok olan hiçbir şey göründüğü kadar çok iyi değildir aslında. Ne kadar çok şeye sahipsen o kadar çok kaybetme ihtimali var sonuçta. Çok güvendiğin için çok kaybettiğin gibi mesela. Çok olan hiçbir şey seni çok mutlu edecek diye bir şey yok hayatta. Çok kalabalıklar içinde çok yalnız olduğunu hatırla! "Oysa ne kadar da çok insan var hayatında."

Ayrıca aklında bulunsun, çok olan hiçbir şey yeteri kadar çok olmayacak ihtiyaç duyduğun zamanlarda.

Ne olursa olsun, az olsun ama senin olsun.

Hayata fark atmaya gerek yok 1-0 olsun bizim olsun.

Üzüntülerin de Bir Sebebi Vardır, "Güçlenmek" Gibi; Üzüntüler de Bir Kazanımdır "Tecrübe" Gibi!

Hayatta rastlantı diye bir şey yoktur. Hiçbir şey rastlantı sonucu gerçekleşmez. Yaşanılan her şeyin bir sebebi vardır ve yaşanmış olan her şey yaşanması gerektiği için yaşanmıştır.

Yolda herhangi biriyle karşılaşmanız da, hayatınıza girip çıkan insanlar da hep bir sebep dahilinde yer eder hayatlarımızda.

Bir "kelebeğin" bile yetişip var olması tesadüfle açıklanamaz. Onun için birçok zahmetin verilmiş olması gerekirken; tüm evrenin en müthiş varlığı insanın yaşadıkları nasıl tesadüfle açıklanabilir? Böyle bir düşünce aklın veya mantığın kabul edebileceği türden bir şey değildir.

Üzüntülerin olgunlaşmak ve daha da güçlenmek adına, sevinçlerin ise mutluluğun yalan olmadığını görmemiz için yaşanıyor olabileceği ihtimal dahilinde olamaz mı mesela?

Üzüntülerin de bir sebebi vardır daha da güçlenmek gibi, üzüntüler de bir kazanımdır, tecrübe gibi.

Biz ne zaman bu kadar değiştik? Ne zaman bu kadar karamsar olup, neden her şeyden bu kadar çok, bu kadar çabuk ümidimizi kestik?

Umutsuz davranıp, karamsar düşünen insanlara bir anlam veremiyorum. İnsanlardaki bu kendilerine duyulan güvensizlik hali neden hiç anlamıyorum.

Üzülüyorum, çünkü her ne olursa olsun, ben kimsenin yenilgiyi kabullenmiş olmasını sevmiyorum. Ayrıca karamsar davranıp "game over" modunda yaşamak, sana bir şey kazandırmayacağı gibi zaten var olan üzüntü ve sorunlarını daha da körükleyeceğini bilmelisin.

Yani sürekli kendine gol atıyorsun, farkında değilsin!

Bence Bizim Bütün Problemimiz, Problemleri Gereğinden Fazla Problem Ediyor Olmamız!

Bence bizim bütün problemimiz problemleri gereğinden fazla problem ediyor olmamız. Oysa her şey olacağına varıyor ve ne de güzel bir laf şu "koyuver gitsin"!
Demek ki çok cırmalamaya gerek yoktu.
Neydi?
Her şey olacağına varıyordu.
Nasipten öte köy yok, neticede her şey nasip meselesi.
Tabii ki hiçbirimiz taş kale, demir, çelik değiliz. Anlıyorum inciniyorsun ama öyle böyle değil kendini parçalıyorsun.
İşte ben bunu anlayamıyorum!
Biliyorum "kalp taşıyorsun" ve bazılarında olduğu gibi kalbin yalnızca kan pompalamıyor(!) Sen "duygularınla yaşıyorsun".
Ama bazen zor da olsa duyguları dizginleyebilmek gerek, yoksa çok üzülüyorsun!
... ve ben senin üzülmeni istemiyorum.
Neticede hiçbir şeyin sonsuza dek sürekliliği mümkün değil. Bu her şeyden önce doğaya aykırı!

Özetle, bir gün bir şeyler güzel de olmak zorunda hayatta! Yani "kötü" dediğin ne varsa, bir sonu gelecek mutlaka! Rahatla.

Yeter!

Daha ne kadar dayanabilirsin uykusuz gecelere Allah aşkına? Unutma, başının yumuşacık bir yastığa, gözlerinin tatlı bir uykuya, yanaklarının güzel bir tebessüme, senin sana ihtiyacın var.

Kendine iyi bak, seninle yürüyeceğin daha çok yol var.

Yüksek Duvarların Ardından Sevecek Olsan Gider Hayvanat Bahçesinde Dolaşırdın

Nasıl yaşıyorsun, nelerden hoşlanıyorsun bilmiyorum.

Belki kurabiyeyi seviyorsun, belki de sağlıklı yaşam için üç beyaz; un, tuz, şekerden uzak duruyorsun.

Ben profiterolü çok seviyorum ama belki sen, süt tatlılarından hiç hoşlanmıyorsun.

Sevgini nasıl gösterdiğin hakkında en ufak bir fikrim bile yok. Belki onun yanında sebepli sebepsiz "saçma" tebessümler ediyorsun. Heyecandan avuç içlerin terliyor ama kalkıp bir türlü sarılamıyorsun.

Ama ben dokunmayı seviyorum, nasıl ve ne şekilde olursa olsun; dokunabilmeyi istiyorum. Sahiplenebildiğimi ancak böyle hissedebiliyorum.

Sevdiğin mevsim, sevdiğin renk nedir?

Eski Türk filmleri bende olduğu gibi senin için de samimiyet mi demektir?

Kahveyi şekerli mi seversin, sade mi?

Bilmem senin için de mutluluk kaynağı mıdır sütlacın o tatlı pirinçleri? Mesela benim için dünyanın merkezidir puding yapılmış tencere dibi.

Yaşayışımız, huylarımız, olaylara, hayata bakış açımız; tamamen farklı senin ve benim "önemli, önemsiz" diye adlandırdıklarımız.

Bambaşka hayatlar sürüyoruz, bambaşka mutluluklar ya da hüzünler yaşıyoruz.

Bütün bunlar bir yana ve eminim öyle bir ortak noktamız var ki, en çok da "en çok sevdiklerin" üzüp incittiler seni. Çünkü hayat böyle, en çok da sevdiklerimiz kırar bizi.

Çünkü hep savunmasız yakalandın!

"Çünkü kendini hiçbir zaman sevdiklerinden koruma ihtiyacı duymadın!"

Çünkü "duvar" düşmana karşı örülürdü, sen onlara kapılarını sonuna kadar açtın!

Peki, hata mı yaptın? Tabii ki hayır!

Yüksek duvarların ardından sevecek olsan, gider hayvanat bahçesinde dolaşırdın(!)

Hepimizin sırtında "çok sevdiklerimizden izler var" bir parça işte!

O yüzden üzülme. Nasıl seviyorsan artık; şekerli, orta ya da sade, kalk bir kahve yap benden kendine.

Tıp Yanılıyor! "Yetişkinlerde 6 saat Uyku" Kesinlikle Yeterli Olmuyor!

Yorgun zamanlardan artakalan bizlerde, en büyük sorun sanırım bir türlü dinlenememek şimdilerde. Oysa ne kadar da yorgunsun değil mi? Yaşatılanları, yaşananları düşünmek bile yoruyor seni! Neler gördü gözlerin ne sıratlardan geçtin.

Bazen durmak istiyor insan. Çevresinde olup biten ne varsa, "Bir son bulsun" diyor zaman zaman.

"Yorgunluk" hiç de söylenişi kadar kolay değil, ayrıca "tıp" yanılıyor "yetişkinlerde 6 saat uyku" kesinlikle yeterli olmuyor! Hele yatakta, bilmem kaç kere sağa sola dönerek uyumaya çalışılmış gecelerin sonunda!

"Bu son" dediğin kaç "yanılgı" bıraktı kim bilir ardında ama olsun kendine kızma.

Yalnız değilsin, herkes yanılır ve inan bana herkesin yanılgıları bulunduğu şehirden yol olur haritanın diğer ucuna!

Konu ne olursa olsun yanılgılarında; güvenmek, inanmak ya da yanlış tercihler...

Üzülme tek suçlu sen değilsin, kavun değillerdi ki koklayıp bilemezdin. Hoş, kavun güzel bir tat bırakır damaklarda.

Bu tipler kelek bile değiller ama keleğin de turşusu güzel olur(!)

Senin güvenini boşa çıkarıp, vefasızlık edenler, en güzel tabirle "gereksizler".

Rica ederim üzülme gerçekten değmezler. Bir de türlü bahaneleri yok mu, seni "aptal" yerine koymaları; onlar; insanların" aptal" olduğunu sanan aptallar! Gün olur ağzının tadı yine yerine gelir, "yine kurt gibi acıkırsın" yemekler eski tadını bulur. "Sıcacık yatağında mışıl mışıl uykuların" olur. Kısacası hayat, senin için yine eski haline kavuşur.

Sadece birazcık zaman...

Ama yalanlarla güvenini boşa çıkaranlar var ya, bir ömür boyu gözünde yitirdikleri insanlıklarıyla yaşamak zorunda.

Artık piyangodan büyük ikramiye bile çıksa, onlar bu dünyanın en bahtsız insanlarıdır.

... ve kaybeden onlardır, sen değilsin unutma!

Bakmak, Görmek Değildir.
"Görmek" Güzellikleri Hissedebilmektir.

Nefes almak değil, yaşamak gerekir ve bakmak değil görmek gerekir.

Sevmek değil, sevebilmek gerekir ve gülmek değil mutlu olmak gerekir.

Nefes almak, yaşamak değildir. Yaşamak, hissettiklerindir.

Hayat; bir yarış, bir koşuşturma... Yaşamaksa koşturmacaya ara verip, dönüp şöyle bir bakabilmektir hayata.

Her gördüğün çiçeği koklayamazsın ama yol üstünde açan çiçekleri bari gözden kaçırma.

Sabah uyandığında filmlerdeki gibi makyajın hâlâ duruyor olamaz tabii ki ama uyanabildiğin için şükretmek güzel olurdu galiba.

Sevdiklerinle somutlaşır mutluluk... Tebessümle de yanaklarında...

Sevgilinin çıtı pıtı parmaklarında, annenin sevgi dolu bakışında, babanın "Ben buradayım" diyen ufak bir dokunuşunda...

Mutluluk somutlaşır, hayata omuz silkmeyi bırakıp yaşamaya başladığında...

Nefes almak zorunluluktur ve zorunlulukların, sizi mutlu etmek gibi bir yükümlülüğü yoktur.

Oysa kime olursa olsun "Seni seviyorum" demek mutluluktur ve mutluluk isteyerek yaptığın bir şeyin huzurudur.

... ve yaşamak, yaşamak budur!

Bakmak, görmek değildir. Görmek, güzellikleri hissedebilmektir.

... ve beş duyu organı, ilkokulda öğrendiklerinizden ibaret değildir.

Eğer öyle olsaydı bakılan her şeyi görmek gerekirdi.

Oysa gördüklerimiz, göremediklerimizin belki de milyonda biri...

Bakmak, bakılanı hissetmektir.

Görmek, gördüklerin için mutlu olabilmektir. Sevmek, sıradan bir eylem değildir.

Hakkını verip sevebilmek gerekir.

Hayat Kime Gül Bahçesi Vaat Etmiş ki?

Acılar, gamlar, hayal kırıklıkları ve hüsranlar... Olacak mutlaka bütün bunlar.

Zaten hayat kime gül bahçesi vaat etmiş ki? Eğer varsa el kaldırsın lütfen onlar!

Mutluluğun anahtarı belki de anı kabullenmektir. Kabullenmeli insanlar...

Zaten hayat, hiçbir zaman hiç kimseye sermeyecek kuştüyü yataklar.

Ki ben acılara da ihtiyaç olduğunu öğrendim, mutluluğun kıymetini bilmek için...

"Keşke"lere boş vermeyi öğrendim. Hayat, "keşke" diyecek kadar uzun olmadığı için...

Ne olursa olsun arkaya dönmemeyi öğrendim. Daha gidilecek çok yol olduğu için...

Düne takılıp kalmamayı öğrendim. Bugünkü güzellikleri gözden kaçırmamak için...

Sevginin, ne kadar önemli olduğunu öğrendim. Yalnızlık Allah'a mahsus olduğu için...

İnsanlara, hoşgörülü davranmak gerektiğini öğrendim.

Bir gün, o hoşgörüye ihtiyaç duyabileceğim için...

Tebessüm edebilmeyi öğrendim. Müslüman'ın sadakası olduğu için...

İnsanlara saygı duymayı öğrendim. Mahallenin köpeği Çomar'dan bir farkımın olması için...

Aza kanaat etmeyi öğrendim. "Çok"un hayalini kurup azla mutsuz olmamak için ve kendime saygı duymayı öğrendim, insanların içinde maskeyle gezmemek için...

Yalanın, beyazı-karası olmayacağını öğrendim. Yalan –adı üstünde– yalan, olduğu için...

Kibirlenmemeyi öğrendim. Altı üstü, bir soluğa bağlı yaşadığım için ve şükredebilmeyi öğrendim. Allah-ü Teâlâ'nın lütfuyla yaşadığım için...

Kendime "Sen kimsin!" demeyi öğrendim. Yaşamaya karar veremediğim gibi öleceğim günü de bilmediğim için... Ekmeğe, saygı duymayı öğrendim. Kurtuluş Savaşı'nı çarıklarla kazanmış bir neslin torunu olduğum için ve hayatı olduğu gibi yaşamayı öğrendim. Ötesine gücüm yetmediği için ve gerçekleştiremediğim şeyler için üzülmemeyi öğrendim; Allah'ın takdiri olduğu için...

"Buyur gel hayat, buradayım!" demeyi öğrendim.

Yaşatacakları, alnımda yazılı olandan fazla olamayacağı için...

Paraların Üzerine Fotoğrafının Basılması Gibi Bir Hayalin Olmadığını Biliyorum

Paraların üzerine fotoğrafının basılması gibi bir hayalin olmadığını biliyorum. Ya da ele avuca sığmaz şımarık beklenti ve isteklere de ev sahipliği yapmıyor "kırgın kalbin" eminim.

"Yalnızca dilediğin gibi yaşayıp kafanı dinleyebilmek tüm isteğin!"

"Kimin ne hali varsa görsün, dünya onların olsun" diyorsun.

Biliyorum "çok yorgunsun, ayrıca çok bir şey değil, yalnızca kendi yağında kavrulmak" istiyorsun.

"Ama artık sussunlar" değil mi, "karışmasınlar yaşadıklarına".

"Bir dünyan var ve saygı duysunlar" istiyorsun ona.

Hele bir de "Ben olsaydım şöyle yapardım" diye "akıl vermeleri yok mu gördükleri hata sonrası sana"? "Bilmiyorsun ki kime ne anlatsan acaba, hem ne kadar anlayacaklar seni ayrıca!"

"Sanki yerindelermiş gibi, sanki seni hataya zorlayan yaşadıklarını yaşamış gibi, bilip bilmeden konuşmaları yok mu, ne de çok üzüyorlar seni!"

Aldırma diyeceğim ama "Nasıl aldırmayacağım, üzülüyorum işte" diyeceksin!

Ama aldırma sineklerin işi de vızıldamak bu dünyada(!)

Senin için bir önemi olur mu bilmiyorum ama ben seni seviyorum, aldırma!
Şimdi hüznün, gözyaşının sırası değil, kendini topla!
İşler yoluna girince oturur ağlarsın bir ara!
Ama o gün bugün değil! Bugün sakın ağlama!

Sevdiğin Bir Pantolonun Olmalı! Gömleğin, Eteğin ya da Ceketin... Giydiğinde, Kendini Mutlu Hissedeceğin!

Mutlu olmak için, birçok sebep var hayatta. Herkes, eşit şartlarda değil ama herkese yetecek kadar mutluluk var aslında. İnsanın bir hayali olmalı mesela, kendisini hayata bağlayan. Gerçekleşmeyeceğini bilse de kendisini yaşatan... Yaşamaktan yorulduğunda yanı başında sarılacağı...
Hemen elinin altında, hazır bulundurmalı.
Hayal kurmak güzeldir, insanı mutlu eder çünkü insan, hep olmak istediği yerde mutlu olduğunu hayal eder.
İnsanın içinde bir çocuk olmalı. Üzüldüğünde utanmadan oturup ağlamalı. Olur olmadık yerde mutlulukla kahkahalar atmalı ve hayatta, çocuklar gibi korkmadan yanlış yapmalı!
Her insanın sevdiği bir şiiri olmalı, "Benim için yazılmış" dediği.
Okudukça duygulandığı ve zaman zaman ağladığı...
Ağlayabilmek güzeldir, unutturmaz insanlığı!
Sevdiğin bir pantolonun olmalı. Gömleğin, eteğin ya da ceketin; giydiğinde kendini mutlu hissedeceğin...

Mutlu olduğunda kendine daha çok güvendiğini hissedeceksin.

İnsanın mutlu olacağı bir şeyi olmalı. Ufak tefek de olsa olmalı! Bugün hiçbir şeyi yoksa bile şöyle bir geçmişe bakmalı. Tabii, boynu tutulacak kadar değil; ama dün attığı bir kahkahası vardır mutlaka!

İnsanın bir yıldızı olmalı. Ay'ın ilkdördün mü yoksa dolunay mı olduğunun farkında olmalı.

Fark etmeli, Ay'ın önüne geçen bulutları.

İşte o zaman anlar, bakmakla görmek arasındaki farkı!

Tek Taş

Bir kadın ne ister? Filmlerdeki gibi tutkulu bir aşktan önce saygı duyulmak ister. Fikirleri dinlensin; söyledikleri, kabul edilmese de her şeyden önce bir fikir olduğu bilinsin ister. "Kadınlığından" önce insan olarak fark edilsin ister.

Bir kadın tabii ki çok sevilmeyi ister ama romanlardaki gibi peşinde tutkulu bir âşıktan önce kendisine saygı duyulduğunun hissettirilmesini bekler. Kendisine âşık olan biri için dünyadaki diğer tüm kadınların hükmünü yitirmesini ister.

Bir kadın, gerçekten sevilmek ister. Düşünülmek ister, merak edilmek... Kararınca kıskanılmayı ve yine kararınca kendisine hesap sorulmasını bekler çünkü bir kadın sahiplenilmek ister.

Değerli görülmeyi ister. Saçlarını, nasıl taradığını fark etmenizden ziyade; her nasıl yaptıysa sizin için yaptığını bilmenizi ister.

Kadınları bu tip küçük takıntılarla yaşarmış gösteren tipleri boş verin. Onlar sadece dizi karakteridirler.

Siz bakmayın filmlerdeki çılgın evlenme tekliflerini dudak ısırarak seyrettiklerine ve filmlerde verilen binlerce liralık tek taşlara iç geçirmelerine.

Kadınların onda birinin hayalinde bile yer almaz; tek taşla arz-ı endam etmek, sevilmek yerine...

Uzun lafın kısası; bir kadın gerçekten sevilmek ister. Bir de kendisine saygı duyulsun ister! Gerisinin boş olduğunu –eğer bir kadını bir gün gerçekten severseniz– o, size zaten söyler!

Bir Erkek, Çocuk Gibidir Aslında

Bir erkek, çocuk gibidir aslında. Yaşı kaç olursa olsun, aklı hep mahalle maçlarındadır hâlâ.

Kadınlar, duygusuzlukla suçlar ama duyguları mahremidir, sahip çıkar onlara.

Bu yüzden duygularını, pek dökemez ortaya. Koruyup kollaması gerekir, çok değerlidir mahrem zira!

... ve bir erkek, babadır sonra.

Çok gülmüyorsa mutlu olmadığından değildir bu da.

Birinin göğüs germesi gerekir ya hani hayata... İşte bu yüzden hayata kaş çatma görevini üstlenmiştir baba ama rüyalarında hep mahalle maçlarındadır, baba da olsa...

Rüyalarında, kaç kere kahkahalarla dönme dolaba bindiğini tahmin bile edemezsiniz asla.

Bir erkek için belli görevler biçilmiştir.

Bir erkeğin her zaman güçlü olması gerekir(!)

Her zaman güçlü görünmek, zaman zaman çok zor gelir.

Bir erkeğin de kalp taşıdığı, herkesçe çok zaman unutuluverir.

Bu yüzden erkek olmak mutlu olmaktan çok önce güçlü olmayı gerektirir ama mutluluk, fedakârlıktan dolayı hep arkaya itiliverir.

Söylenildiği gibi erkekler duygusuz değildir.

Güçlü olabilmek için çoğu zaman –maalesef– duyguların saklanması gerekir.

İnsanüstü güçlü olmak da erkeklerin seçimi değildir. Bu, duygusuzlukla suçlanan erkeklere toplumun biçtiği görevin hediyesidir.

Kimseler bilmez ama bir erkek sevdiğinde çok sever aslında. Sevdiği kalbi, gözünden sakınır bu garip kıskançlığın adı konulamasa da...

Siz bakmayın yokluğunuzda güçlü görünmeye çalıştığına ve sevmediğinden değildir aramadıysa...

Deli gibi çok sevdiğini söylemeyişi, güçsüz görüneceği korkusundan değildir ama adı konulamayan bir şey tutmuştur onu, eğer ilk arayan o olmadıysa...

Gurur da değildir, bu adı konulamayan illet duygunun ismi ama emin olun adını bile bilmediği bu şey her neyse çok küfür ettirmiştir ona!

Ara Sıra Çocukların Başını Okşamalı

Bir telaş, bir koşturmaca... Kimin ne acelesi var acaba?
Bize kendimizi unutturan hayat mı yoksa?
Yoksa hayata suç atmak, işin kolayına mı kaçmak acaba?
Hayatı, koşturmacaya çeviren hayatın kendisi olamaz galiba.
Sonu gelmeyen istekler, hayatı cehenneme çeviriyor olabilir mi acaba?
Dur durak yok, sınır yok!
Varılacak yerler, gidilecek yollar ne kadar da çok(!)
Yaşamak için mutlaka mücadele gerekiyor ama durup soluklanmak gerekmez mi arada?
Bir "merhaba" demek komşuya,
Bir tebessüm etmek yoldaki amcaya...
Mutlaka yanından geçilen bir park vardır, cadde ya da sokakta. Durup, oynayan çocukları seyrederken güzel olmaz mı, iki dakika dönmek çocukluğa?
Ama kendimizi bile arada hatırlıyoruz, zaman zaman görünce aynada!
Âşık olmalı bir insan. Acı çekmeli gözyaşları akarken yanaklarından.

Ayrılınca sevgilisinden damarları çekilmeli ve soluksuz uyanmalı zaten arada bir anca dalabildiği uykulardan...

Ara sıra çocukların başını okşamalı. Durup, ayaküstü sohbet ederek çok şey de öğrenebilirsiniz onlardan.

Hayata dair tebessümleriyle, kabına sığmaz hayallerini dinleyince onlardan; bir gün, gökkuşağının altından bile geçebileceğinize inanırsınız korkmadan.

İnsanları sevmeli insan.

Mutlu olmamalı, mutsuzluklarından.

Kini, nefreti söküp atmalı kalbinden; kurtulmalı, taşıması zor omuzlarındaki ağırlıktan.

Yeniden doğmak ne demek, o gün anlar insan.

Vazgeçmeli koşturmacadan... Kıyamete kadar hiçbir şeyin sonu olmayan bu dünyayla yarışmaktan!

Farkına varmalı farklı olmadığının, yıllardır bu dünyayı yenemeyen hiçbir insandan!

Hayat Her Zaman Baklava Hamuru Gibi Kulakmemesi Kıvamında Olmayabilir

Hayat her zaman baklava hamuru gibi kulakmemesi kıvamında olmayabilir. Bazen börek de yanabilir, yemeğin altı da tutabilir. Kuştüyü yatakların hayalini kurmak da bence çok yersiz; mutluluğu, insanlara bel bağlayıp beklentilere endekslemek kadar gereksiz...

Bir yemek mönüsü mesela; acısı, tatlısı, çeşitli sosları, adını bile söylerken zorlanacağın yemek adları ve bütün bunların yanında gözü kapalı yiyebileceğin kuru fasulye, kuru soğanı. İşte bu mönünün ismi "yaşam", başına gelebilecek olan, içinde tüm tatları barındıran... Bazen "acıdan gözün yaşaracak", bazen "tadına doyulmayacak" ama illa ki yaşanacak.

En çok sevdiğin renk nedir bilmiyorum ama ben fluyu sevmem yalnızca, bir tek "belirsizliğe" tahammülüm yok hayatta! Ama mavisi, yeşili, pembesi, siyahı, beyazı; tüm bu renkleri içinde bulunduran paletin de adına, işte "hayat" diyorlar ona ve bütün bu renklerle bir gün tanışabileceğini unutma.

Her an her şeye hazırlıklı olmakta fayda var. Hem ne diyorlardı "her şey insan için".

Bu arada duvarlarda çok koyu renkler ruhu daraltıyormuş mümkün olduğunca kullanmayın oturma odalarınızda.

Kulakmemesi kıvamında baklava hamuruna tekrar dönecek olursak; boş ver, her zaman kulakmemesi kıvamında yumuşak davranmasın yaşam sana da. Aldırma.

Kazandibi diye bir tatlı var mesela; şekeri yakılmıştır, dibi gerçekten acıdır ama bir o kadar da tatlıdır. Yani ne yapıyormuşuz; şartları kendi adımıza çevirebilmek adına tüm olanakları zorluyormuşuz.

Bıkmadan, usanmadan yaşıyormuşuz!

İsmi ağır geliyorsa sana, sen de "hayat" değil kazandibi diyebilirsin yaşadıklarının adına.

Hem haklısın kazandibi bence de daha sempatik geliyor kulağa. Ne yani dibi tutmuş diye insan kazandibinden vazgeçer mi? Onun tadı orada!

İKİNCİ BÖLÜM

Bazen nasıl davranmam gerektiğini bilemiyorum.
... ve yanımdaki insanları kendime Ay kadar uzak hissediyorum. "Ben samimiyet istiyorum. Bunun haricinde hiç kimseden başka hiçbir beklentim olmadı. İnsanların ikinci bir yüzünü görünce üzülüyorum. Oysa hayatımda yer almak için kimsenin ne ikinci bir yüze, ne olmadığı biri gibi görünmesine ne de hissetmediği halde yüzüme parlatılmış sözler söylemesine gerek var. Sonrasında mutsuzluğum dünyanın öbür ucuna yol olacak kadar çok üzülüyorum. Üzülmek... Ne olursa olsun bir türlü alışamıyorum. Ben, herkesi her zaman olduğu gibi kabullendim ve beni de olduğum gibi kabul etmelerini bekledim. Çünkü ben sevdiklerimin ne kusursuz olmalarını ne de o meşhur "sütten çıkma ak kaşık" gibi olmalarını istedim. Hem kusuru güzel bulduğum anlar bile oldu sevdiğim insanlarda; "nazarlık" gibi mesela. Ama değer verdiğim insanların benim gibi düşünüp hissetmediğini gördüğüm zaman canım acıyor. Sonra işin yoksa üfle dur, bir türlü geçmiyor.

Tuzu Uzatır mısın Hayat?

Çaylar mı soğuk benim mi tadım yok? Demli çayın, açıktan neden herhangi bir farkı yok! Canım istemiyor, yemeklerde güzel olmayan ne? Oysa benim "yemek seçmek" gibi bir huyum da yok. Kahvaltının mutlu etmek gibi bir özelliği yok bence. Eğer sen mutluysan kahvaltı hoş geliyormuş göze. Ama kayısı reçelinden fazlasına ihtiyacım var mutlu olmak için şu günlerde.

Konu günler de değil ya da erken uyanmak, Gece uyuyamamak da değil sonrasında bütün gün ayakta kalmaya çalışmak.

... veya daha yolu yarılamadan yağmura şemsiyesiz yakalanmak. Hem mutlu ederdi beni yağmurda ıslanmak. En çok sevdiğim pantolon, giymek istediğim zaman kirli sepetinde olabilir, annemi de anlayabilirim ama konu o da değil!

Anlatamıyorum, anlamıyorum kendimi nereye koydum, beni bulamıyorum.

Bir şeyler eksik hayatımda, o "şeyler" nedir bilmiyorum; ama sofrada tuz, çayda şeker yokmuş gibi geliyor bana.

Yemekler soğuk gibi, dondurmanın o eski tadı yok sanki peki karpuz neden mutlu etmiyor beni? Zaten puding de bana karşı bugünlerde, çok değişti. İlk tanıdığım gibi değil, zamanla değişen herkes gibi! Oysa badem bana her zaman tebessüm ettirebilirdi. Yoksa mutlu ettiğini öğrenince o da mı gitmeye karar verdi diğer tüm gidenler gibi?

Reçeller yine dolapta ama onların da suratından düşen bin parça. Yoksa herhangi bir şey istediler "evet" demedim de, o yüzden mi "insanlaştılar" şimdi sırt çeviriyorlar bana(!)
Mantı da çok değişti, önceden ne de mutlu ederdi beni.
Mantıyla da aram açıldı, herkes gibi o da şimdilerde "buz gibi".
Tuzu uzatır mısın hayat?
"Tüm varlığın" ve her şey "diyet yemeği" gibi ama ne hastayım ne perhiz yapıyorum, biliyorsun değil mi?

Ne Müneccimim Ne de Fal Açabilirim!

Birilerini anlamaya çalışmak oldukça yoruyor beni. Düşünce okuyamadığım gibi ne müneccimim ne de fal açabilirim.

Ayrıca kişilerin hal ve hareketlerine bakarak ne olduğuna dair anlamlar çıkarabilecek kadar da akıllı değilim.

Oysa yalnızca üç beş kelimeyle benden ne istediğini bana söyleyebileceğin gibi, yine üç beş kelimeyle düşüncelerini bana söyleyebilirsin gibi geliyor sanki.

Ama lütfen; benden yok yere seni anlamamı bekleme.

Ben, ne imalardan yola çıkarak doğru sonuca varabilirim ne de seni yeterince anlayabilirim. Böyle bir iletişim şekli bizi yormaktan başka hiçbir ise yaramayacağı gibi; ötesi aramıza kalın duvarlar örmek gibi!

Eğer beynin açılıp bir zemine yayılsaydı, yirmi metrekarelik bir alan kaplanabilirdi!

Böyle devasa bir şey ve milyarlarca hücre arasında, ne düşündüğünü anlayıp, ne sakladığını bulabilmemin ihtimali yüzde kaç sence?

Yüzde bir bile değil bence!

... ve yine bence, rica ederim konuş benimle. Ne ben yorulurum ne sen üzülürsün!

Lütfen, benden sahip olmadığım bir yetenekle, bilinmezi bilmemi bekleme.

Artık Hiçbir Şey Eskisi Gibi Değil, Ben de Öyle!

Artık hiçbir şey eskisi gibi değil. Ben de öyle. Çok dikkat etmiyorum uzun süredir kendime. Kılığıma kıyafetime...

Çorapsız da basıyorum artık yere. Eskisi gibi de korkutmuyor beni artık grip de nezle de. Hem nane limonun iyi gelmediği daha büyük sıkıntılarım var herkes gibi benim de. Takılmıyorum artık şu her kış ve bahar şişen bademciklerime. Çok sıcak ya da soğuk şeyler yiyip içmem, hepsi hepsi birkaç gün gene. Olur biter, geçer gider.

Ama canımı yaka yaka yutkunduğum şeyler var. Olup bitmeyen, geçip gitmeyen...

Zaman zaman yine uykusuzluk çekiyorum ama çok da takılmıyorum artık bu uyku konusuna, uyuyunca geçmeyen şeylerin olduğunu anladığımdan bu yana.

İyi ya da kötü müdür bilmiyorum. Kişilere göre de değişebilir umursamıyorum! Ben hissettiklerimi iliklerime kadar yaşıyorum.

Sevdiğim bir şarkıyı tekrar tekrar dinleyebilir, çok sevdiğim bir pantolon ya da gömleği giyilemez bir hal alana kadar giyebilir, sadece fincanda değil; Türk kahvesini kocaman bir kupada da içebilir, sahiplenmenin cılkını çıkarabilir, herhangi birini kendim dahil her şeyin önüne koyabilirim.

Biliyorum sonunda kaybedebilirim! Ama ne yapalım ben böyleyim.

Zaten benim matematiğim okulda da iyi değildi. O gün sayılara, bugünse insanlara yanlış değer verdim.

Oturdum sıfır(!)

Yattım Soluma, Döndüm Sağıma, Melekler Gelsin Yanıma!

Dünyayı cebime doldurmak gibi bir niyetim yok. Ya da kazık çakmak gibi dünyaya, sahip olduklarım yetiyor bana. Fazla istek ve çabalar mutsuzluğa kestirme yol gibi geliyor bana. ... ve asıl mesele insan gerçeklerle yüzleşip olduğu gibi kabullenmeli kendini galiba. Her şey çok daha kolay oluyor o zaman, nasıl ve ne şekilde yaşaman gerektiğini anlıyorsun en azından. Kimseye parmak ısırtmak gibi bir niyetim yok sıradanlık yetiyor bana. Şaşaalı bir yaşam gibi hayalim de yok ayrıca. Bütün bunlar bir yana yaralarımın kapanmasından başka hiçbir isteğim yok hayatta. Bu kelimeyi çok sevmiyorum ama yine tüm yollar zamana çıkıyor galiba. Bu arada ben! Dua etmeyi hiçbir zaman unutmam. Yattım soluma, döndüm sağıma, melekler gelsin yanıma. Zaman denilen şey, hızlı geçsin. Herkes her şeyi unutabilir ve bu anlaşılabilir. Ama zaman geçmeyi unutmamalı, zamana ümit bağlamış o kadar çok insan var ki. Yaraların bir an evvel kabuk bağlaması gerekli. Seni seviyorum Allahım.
Âmin.

Bu Kalp Kargaya Benziyor!

Bir zaman sonra çok ama çok sevdiklerinden soğur mu insan? Soğuyor işte ve bu beni çok üzüyor hiç istemesem de.

Ben, bende yerini kaybedenler adına o kadar üzgünüm ki, oysa onlarındı şuramda boş duran başköşe.

Bu üzülerek vazgeçişlerimin sebebi ne hatalarıydı ne de yanlışları; ben giyilemez bir hal alana kadar sevdiğim pantolondan bile vazgeçmezken nasıl düşünülebilir boşlamam, dün sevmiş olduğum insanları?

Ama dedim ya soğur mu insan? Soğutuyorlar işte!

... ve her vazgeçiş sonrası o kadar çok isterdim ki bir kâbustan uyanmış olmayı! Şu gerçekler bazen ne kadar da çok can yakıyor!

Birilerinden vazgeçmek zorunda olmak; çok saçma bir duygu. Beyinle kalp arasında kalmak, ikisi arasında bir "olurunu" bulmak için koştururken sanki soluk soluğa kalmak gibi bir şey. Bu çok yorucu ve ben de çok yoruldum.

Üzgünüm ama değirmene artık ben de su taşımıyorum.

İşin garip tarafı mantığa rağmen yaptığın onca fedakârlığın yanlış olduğunu bir süre sonra kalp de üzülerek kabul etmek zorunda kalıyor! Zaten bu kalp de kargaya benziyor.

... ve ben artık kargayı kılavuz edinmek istemiyorum.

E çünkü birçok "Neden?" var mantıklı açıklamalar bekleyen hayatımda! Ama hiçbir cevabım yok kendimi bile inandırabilecek olduğum!

Yaşadıklarımı yaşarken mutlu muydum bilmiyorum ama bunca zaman mutlu etmek için yaşadığım ortada!

Öyle çok verdim ki kendimden mutlu etmek adına herkese birer parça! Elimi neye atsam hep bir şeyler eksik şimdi hayatımda! Kendime bile tahammülüm "kalmamış (!)" verdiklerim sonrasında!

Beklentileri olanlar vardı, hiç beklentim olmadı! Hep bir şeyler isteyenler vardı, kimseden bir isteğim de olmadı!

Birçokları bir şeyler için yanımdaydı ama en acısı da kendilerine bir değer biçebilecek kadar küçülmüş olmalarıydı!

Üzülüyorum, ama böylesini kasap vitrinine takıp kıçına çiçek takmalı(!) Zira bir bedel karşılığı alınabilenin "maldır" sözlükteki karşılığı(!)

Etiket Batmasın Diye Atleti Bazen Ters Giyiyorum!

Etiket batmasın diye atleti bazen ters giyiyorum, ayak bileğinden yukarı çıkan çorapları pek sevmiyorum.

Biliyorum garip şeyler ama daha da komik olanı hemen herkese inanıp içimi açıveriyorum.

Etiket problemi kesilerek aşılabilir, bilekten yukarı çoraplara da alışılabilir ama şu "içimi açma" konusu yok mu, kendime hiç güvenmiyorum, beni her an yine yaralayabilir.

Kabul ediyorum, çok çabuk inanmak gibi aptalcık bir yönüm var. Zaten neden art niyetli olunur hiçbir fikrim yok ama hayatın gerçeklerine uyanmak diye bir şey var.

... ve bööö, hiç komik değilsin hayat!

Ben insanları sınıflandırmaya karşıyım; ama "art niyetle" insanların hayatlarını altüst eden zatları da insan sınıfına koymak pek doğru gelmiyor bana.

İnsanlar beni aldatabilir, kandırabilir, yalan söyleyip, arkamdan da gülebilirler. Varsın zafer kazandıklarını düşünsünler.

Ama asıl mesele, kişilik kazanmamış varlıklarını acaba ne zaman fark edecekler?

Kandırılmak veya aldatılmış olmak, çok şey kaybettirmeyecek bana ama insan yaratılmışken "adam" olamamak...

Önemsemiyor gibi olsalar da zor olmalı kendilerine anlatamamak.

Boş Vermek Ders Olsun, İlkokulda Okutulsun, Sonradan Öğrenilmiyor!

Hiçbir şey hatırlayıp düşünmek istemiyorum. Öylece yaşayıp gideyim diyorum. İçinden çıkamadığım sorular, mutlu etmeye yetmeyen cevaplar. Kandırılışım, aldatılışlarım öylece bir kenarda kalsınlar.

Ne yaşanmışsa, ne olmuşsa ya da geriye ne kaldıysa öylece kalsınlar yaşandıkları anlarda. Sanki hiç olmamış gibi sanki yaşanmamış gibi belki çok mümkün değil ama unutmak en güzeli! Ya da unutmuş gibi yapmak belki!

Cephe yağışlarını ve alüvyonları biliyor olmak çok işime yaramıyor hayatta. Büyük ünlü, küçük ünlü, ünlü düşmesi ya da ulama...

Çarpım tablosunu ezberlemek için çok çaba göstermiştik ama hayat çok daha başarılı seni üst üste birçok sorunla çarpmakta!

Yaşananlar ile başa çıkmanın başka bir yolu olmalı, hayat bilgisinde öğrendiklerimiz yaşamak için yetmiyor bana.

Mesela "boş vermek" ders olsun, ilkokulda okutulsun, sonradan öğrenilmiyor!

Gün olur devran döner gibi bir hesabım yok!
Zira Allah var problem yok.

"Kırılmak" Hiç Komik Olmuyor!

Hayal kırıklığı diye bir şey var ve o kırıklar hiç iyileşmiyor!
Ben üzülmeyi sevmiyorum. Öyle bir şey ki boş ver deyip geçemiyorum.
Ben o kadar güçlü biri değilim, gülüp boş veremiyorum.
Hem kırılmak hiç komik olmuyor anlatabiliyor muyum?
Ben, bana yapılanları unutmadım. Bir zahmet yapanlar da unutmasın!
Gün olur devran döner gibi bir hesabım yok, zira Allah var problem yok.
Kimsenin gözyaşları üzerine mutluluk kurulamaz. Temel su almışsa o mutluluğun daim olması gibi bir ihtimal mümkün değil, olmaz. Elbet yıkılır!
Neydi? "Kimsenin ahı kimsede kalmaz!" Kimseye hakkımı helal etmişliğim falan yok.
Ayrıca benim ne yaparsa yapsın kimseye çiçek uzatmak gibi bir niyetim de yok.

Beni ağlatanların mutlu olması gibi bir dileğim neden olsun, hemen şuramda kırılmış bir kalp var, taş yok!
Hakkımı helal edip, kimilerini güzel hatırlamak isterdim ama dur bakayım kalbime...
"... Aaa! Maalesef hiç umut yok!"

Çünkü öğrendiğim bazı şeyler var! Güvenmemek gibi mesela ve çok sevdiklerinin kaypak olabileceği gerçeğiyle karşılaşmak gibi sonrasında...

Her şeye ve herkese katlanmak kolay, çok güçlü bile olduğunu düşünebiliyorsun ama asıl zayıflık sevdiklerinin yaptıkları karşısında âciz kalınca çıkıyor ortaya.

Bilmiyorum sorun bende mi ve "çok güzel ortada bırakılır" mı yazıyor alnımın ortasında?

İnsanlar bu yüzden mi birbirleriyle yarışıyorlar beni yarı yolda bırakmak için acaba?

Hafızamı Kaybetmek İstediğim Zamanlar Oluyor!

Hafızamı kaybetmek istediğim zamanlar oluyor.

Yoksa "boş vererek" falan olacak iş değil "unutmak".

Hiçbir şey hatırlamak istemediğim anlar, bir de hatırladıkça acıyan yaralar var.

Bu yaralara ne iyi gelir en ufak bir fikrim yok, bir türlü kapanmıyorlar.

Hayat öyle garip ki, kimlik alıp boşuna kâğıt israfı yaptırmış insanlar tanıdım ben.

Oysa bir kişilik sahibi olmak ya da olamamak; insanların yaptıkları veya yapmadıklarıyla ilgili isimden ziyade...

Yoksa "isim" dediğin nedir?

Boncuk veya Minnoş da bir isim(!) Hem de özel isim(!)

Her şeye eyvallah ama dün mutluluğun kendisi olanlar, bugün yoklukları ya da yaptıklarıyla üzenler olmamalılar.

Gerçeklerle yüzleşmek, "Yapmaz" dediklerimin yaptıklarını görmek incitiyor beni!

Ben sevdiklerimin kötü insanlar olduğunu görmek, bilmek, duymak istemiyorum.

Zaten, "Senin için ölürüm" deyişlerini de yanlış anlamışım(!)

Maalesef kendilerini içime diri diri gömüyorlar!

Yalvarırım bundan sonra "benim için" kimse ölmesin lütfen(!) Sevdiklerimi "geçmişe" gömünce üzülüyorum ben!

Nerede, ne zaman, nasıl davranmam gerektiğini bazen bilemiyorum.

O kadar çok yanılgı ve yanlışım oldu ki onlara yenilerini eklemekten korkuyorum.

Yanlıştan kastım iki kere ikiye beş demek veya çoğunluğa ters gelebilecek düşüncelerim değil tabii ki!

Korkum, "yanlış" insanların sözlerine "doğruymuş" gibi inanıp "yanlış" insanlarda mutluluğu aramak.

Artık böyle hatalar yapmak istemiyorum. "Sağlık olsun" deyip geçemediğim gibi bir de kırılıyorum.

... Sonra anlıyorsun "yanlış" insanlarla "doğru" sonuca varılamayacağını, sil baştan yoruluyorsun!

Çok çetin savaşlar verdim!

Çok mücadele ettim, an oldu başkalarına, zaman zaman kendime yenildim.

Vazgeçtim, ipin ucunu bıraktım, boş verdim.

Gelgitler yaşadım, kararsız kaldım. "İki arada bir derede kalmak" ne demek, her kelimeyi iliklerime kadar yaşadım.

Hatalar yaptım art arda, o kadar çok ki, bir "sakızdan" fazlasıydı üste artıp bana kalanlar hatta.

... ve ben zengin bir gardıroba sahibim konu hatalarsa.

Karıncanın ayak sesini duyan Rabbim
               seni de duyar mutlaka.
Ve vakti gelince duaların kabul olur korkma!

Zaten Saf Olan Ne Kaldı ki?
Artık Hormonlu Kirazlar Bile Elma Kadar Büyük Değil mi?

Birkaç gruba ayrılır insanlar.

Özetle "iyi" ya da "kötü" olanlar. Ama bir de kötü demekle kötülüğe bile kötülük etmiş olacaklarımız var!

Sanki hiçbir şey yokmuş gibi yaşayanlar,

Tüm yaptıklarına rağmen "mışıl mışıl" uyuyanlar!

Kırdıkları kalplere rağmen kahkaha atanlar,

Üzmüş olmalarına rağmen mutlu olanlar,

Bir de benim hakkımı helal etmediklerim, etmeyeceklerim, edemeyeceklerim var!

Bugün masal gelebilir sana, ama emin ol;

"Hesap günü var!"

Bir de Allah var!

Kim hangi sıfatla yer alırsa alsın hayatımda, hep bir mesafe, bir sınır olacak aramızda bundan sonra.

Anladım ki el değmemiş saf yanlarımla vedalaşmalıyım.

Zaten saf olan ne kaldı ki, artık hormonlu kirazlar bile elma kadar büyük değil mi? Ben de "numuneliği" bir tarafa bırakmalıyım!

Şimdi şöyle bir bakıyorum da yaşadıklarıma, "bir bakıp çıkanları" başköşeye oturtup, taç giydiren benmişim onlara.

Anladım,

Bekleyip görmeli ve kendi yerini herkes kendi belirlemeliymiş hayatta.

Öğrendim,

Zorla güzellik olmuyor, istediğin kadar anlam yükle, değer ver bazılarına, eşek hoş laftan anlamıyor(!)

Elbirliği ettiniz, beni de değiştirdiniz.

Kına yakmak isteyenlere selam olsun(!)

Ben Karakışı Düşünmeyen Bir Ağustosböceğiyim!

Hayat mı sıkıcı, yoksa hayatı çekilmez hale getiren insanlar mı? Aklım almıyor bazen, sonunu bile bile yaşadığımız lades acıları. Güvenmek mi yanlış ya da yanlış olan güveni boşa çıkaran insanlar mı? Neden bu kadar çok can yakıyor soru işaretleri; bilen birisi varsa rica etsem anlatabilir mi?

Mutluluğun tarifini bilmiyorum da mutlu olmak için birkaç ufak fikrim var; ama bizi kıranlar "çok sevdiklerimiz" olmasaydı küçük de olsa mutlu olabilirdik galiba.

... ve akmasa da damlayan bir umutla tebessüm edebilirdik hayata. Minnacık ekmek kırıntılarının can olması gibi serçelere mesela!

Hayatla hiçbir sorunum yok benim. Benim tüm problemim bir dediklerini iki etmeden, "başım gözüm üstüne" ettiklerim.

Hesap gütmedim, karşılık beklemedim, verebileceğim ne varsa hepsini verdim.

Bir gün yalnız bırakacaklarını ve o gün kendime, mutluluğa her zamankinden çok ihtiyaç duyabileceğimi hiç düşünmemiştim.

İyi halt ettim(!)

Ben karakışı düşünmeyen bir ağustosböceğiyim!

Teşekkür Ederim, Ben Almayayım!

İnsanların birbirinden neden bu kadar kolay vazgeçebildiği hakkında en ufak bir fikrim yok. Oysa yaşanmışlıkların ya da ufacık da olsa paylaşılmışlıkların bir anlamı veya bir hatırı olması gerektiğine inanıyorum.

Saçmalıyor muyum onu da bilmiyorum(!)

Dün "canım" diyen birinin bugün hiçbir şey yokmuş gibi sırtını dönüvermesini ne anlıyorum ne de anlamak istiyorum.

İnsanların "canlarından" bu kadar kolay vazgeçebilmelerinin de anlaşılacak bir yanı yok anlatabiliyor muyum?

Kalsın, teşekkür ederim ben almayayım!

Ben böyle kişiliklerin olduğuna da inanmak istemiyorum (!) ama onları da sürekli etrafımda görüyorum!

Neden bilmiyorum, ben kolay vazgeçebilen insanları sevmiyorum.

Eskimiş pantolondan, çekmiş gömlekten, yırtılmış ayakkabıdan, kırılmış bir vazodan; vazgeçer gibi nasıl vazgeçilebilir güya "dün onca anlamı olan" bir insandan?

Anlamıyorum, anlamak istemiyorum!

Dört İşlemde Bile Parmak Sayıyorum Ben

Elimde değil, bazı insanları hiç sevmiyorum. Ne bileyim puding kimilerinden daha önemli benim için hele puding yapılmış tencere dibi; Allah biliyor ya çok daha değerli.

Puding iyi ki var.

Keşke bazı insanların yerine dünyada daha çok puding olsaydı. O zaman hayat çok daha tatlı olabilirdi. Düşünsene, o insanların yaşattığı onca acı yerine çikolata tadında bir hayat sürdürülecekti. Ayrıca hayata "kötü" deyip suçlayanları da hiç anlamıyorum. Neticede "hayat" dedikleri insanların birbirine yaşattıkları değil mi?

E hayatın ne suçu var birileri seni beni ağlatıyorsa değil mi?

Bütün bunları anladığım günden bu yana çok aldırmıyorum insanlara.

Bu boş vermişlik değil ama ben çoğu kez yataktan kalktığım gibi çıkıyorum evden. Mesela bir bardak çay bile içmeden.

Ayrıca pantolonlarımın içini dışa çevirmeden yıkarken, kendimle bile ilgilenmez, elime geçen ilk gömleği giyip evden çıkarken; pardon ama cidden artık kimseyi çekemem.

E hal böyleyken bir de birilerinin hesap kitabıyla uğraşamam.

Hem matematikten de anlamam. Dört işlemde bile parmak sayıyorum ben(!)

Bence sen de insanları anlamak için çok çabalama.

Çünkü kimin ne düşünüp ne istediğini hiçbir zaman bilemeyeceksin.

Boş ver, yaşa gitsin!

Çikolata, Fındık, Fıstık, Börek, Ekmek, Kek Yenir; "Verilmiş Söz" Değil! Karıştırmayın Lütfen!

Her insan mutlu olmayı hak ediyor bence. En çok da en cok sevdikleri tarafından kırılmış olanlar hem de! Neden bize hiç üzülmeyecekmişiz gibi davranıyorlar? Alnımızda Süpermen mi yazıyor? Kırılabileceğimizi düşünmüyorlar?

Neden en çok, en çok sevdiklerimiz üzüyor? Kapanması zor yaralar açıyor? Oysa unutulmamak için yara açmalarına gerek yoktu! Hepsi içimizde zaten "kocamannnn" yer tutuyordu!

Çikolata, fındık, fıstık, börek, ekmek, kek yenir, "verilmiş söz" değil, karıştırmayın lütfen! Mutsuzluğumuza sebep olanlar bilmeliler ki gün olacak devran dönecek, herkes ektiğini biçecek! Ne yapanın yaptığı yanına kâr kalacak, ne de ağlatılmış olan ömür boyu ağlayacak!

Hiçbir şey sonsuz olmadığı gibi elbet gözyaşları da son bulacak! Gün sizin gününüz ama yüzüstü bıraktıklarınızın da elbet ayağa kalkacağı bir gün var!

Neticede hak var, Allah var, bir de toprağın altı var!

Can La Bu Can!

Tüm iyi niyetimi sorgulamak istiyorum şu günlerde.

Doğru bildiğim ne varsa tekrar tekrar gözden geçirmek gerekiyor belki ve bir çekidüzen vermek kendime. Doğru bildiğim onca şeyin beni bu kadar üzmesi "doğru" değil ve "ağlamak" doğruların mükâfatı olmamalı bence.

Üzüntüler sonrası iyi niyete suç bulmak hiç hoşuma gitmiyor ama alabildiğine içini açmamak gerekiyor galiba insanlara.

Hiçbir kapı, kilit, duvar koymadım kimseyle arama ama onlar fink attılar içimde canımı yaka yaka.

Ben bu kadar kötü biri miydim ki böylesine mutlu oluyorlar canımın yanmasıyla?

Can la bu can! Acıyor işte!

Birilerini kırmadan yaşamaya çalışmak; öğrendim ki her zaman takdir görmüyor. "İyi niyetime" en sonunda öyle küstürdüler ki beni, artık kurunun yanında yaşı da yakacak gibiyim sanki!

Bundan sonra alışverişi bitirip ödeme için kasaya yaklaşınca, kasiyerin "Beşli bulaşık süngeri beş lira. Kasa indiriminde almaz mısınız acaba?" demesine bile aldırmayacağım!

Artık, sırf "Benim için bu kadar uzun cümle kurdu" diye almayacağım!

Bu bencil halim ne kadar sürer bilmiyorum. Kısa sürer gibi geliyor bana, nedense kendime hiç güvenmiyorum.

Ama sonsuza dek sürmesini diliyorum, artık parçalanmak istemiyorum.

Öyle parçalara ayırdılar ki beni, milyon tane gibiyim sanki!

Kıymet bilmez şımarık çocuğun elinde puzzle gibi hissediyorum kendimi.

Beni Daha Fazla Üzmeyin Lütfen!

Beni daha fazla üzmeyin lütfen.

Ne nasırlaşmış bir kalbe sahibim ne de boş verebiliyorum ben.

Yaşadığım hiçbir şeyi üstünkörü yaşamadım, bir kez kırılmaya göreyim iliklerime kadar üzülüyorum.

Bana "zaman" da iyi gelmiyor, hele şu zıkkım kırıklar; soğudukça daha fazla acıyor.

Kimseden bir beklentim yok. Bir başına bir dünyam, içinde doğrularım, hatalarım ama hepsi benim, hepsi ben; dokunmayın lütfen.

Lütfen diyorum, bilmiyorum daha başka ne söylesem?

Lütfen kelimesinin anlamını bilmeyenler sözlüğe bakabilirler mi rica etsem!

Yineliyorum, ben artık kırılmak istemiyorum lütfen!

Hem kim demiş "Türkçe zengin bir dil" diye? Peki, madem öyleyse ben neden hüznümü anlatacak kelime bulamıyorum?

Birileri anlasın beni!

Ne dediğimi!

Ne istediğimi!

Nerede nasıl olmak istediğimi...

Söylediklerimi!

Söylemek istediklerimi!

Aslında neyi sevip sevmediğimi!

Birileri mutlu olsun diye sevmediğim şeyleri seviyor gibi görünmeyi hiç sevmediğimi!

Çok iyi konuşup anlatamam kendimi ama hiç görmediler de rica eder gibi bakan gözlerimi.

Birileri anlasın beni, benim de kırılabileceğimi!

Gördüm, Öğrendim Babam Haklıymış

"Kimse göründüğü gibi değilmiş!"
"Kimse seni annen kadar düşünmezmiş!"
"Kendini, uğruna paraladıkların bir gün bunu unutabilirmiş!"
"Gitmem diyenler gidebilirmiş!"
... ve "Gitmelerine sebep hataların değil, hatalarını bahane etmeleriymiş!"
"Yoksa benim melek olmadığımı onlar bilmiyorlar mıymış?(!)"
"Çok beklenti içine girmemek gerekirmiş!"
"Bir tebessüm dahi olsa, beklenti içine girdiklerinin gitmesi küçük kıyamet gibi bir şeymiş!"
"Herkes yalnızmış!"
"İnsan kendine sahip çıkmalıymış!"
"Olur da sırtını başkasına dayarsan arkan mutlaka boşa çıkarmış."
"İnsanların sözleri kişiliklerini yansıtmazmış, eğer öyle olsaymış hiç kötü insan olmazmış!"
"Önyargılı olmamak lazımmış, çünkü hayat zıtlıklarla beraber yaşanırmış!"
Mesela:
"Her şey göründüğü gibi olsaymış herkesin en azından insan olması lazımmış(!)"

"Veya kahve, o rengine rağmen damakta güzel bir tat bırakmazmış."
"Aldanmamak gerekirmiş..."
"Önyargıları bırakmalıymış..."
"Bir şeyin güzel olması, benim için de güzel olacağı anlamını taşımazmış!"
"Her şeye, herkese şans tanımalıymış..."
"Kötü sanılan şeyler belki de o kadar kötü olmazmış!"
Gördüm,
Öğrendim.
Babam haklıymış.

Nasıl Olsa Bir Gün Neşeli Şarkılar Söyleyenler de Olur!

Kendini, bir çocuk gibi masum hissettiğinde, "Gitmem" diyenler gittiğinde... Ne kadar da yalnız olduğunu görünce oturur ağlarsın, bir şarkıya bile gücün yetmediğinde!

Tanıdık sesler çekilince, ömrüne ömür katanların yerinde yeller esince, "vazgeçilmez olduğun" yalanını öğrenince, oturur ağlarsın; tüm şarkılar ağız birliği etmişçesine "sanki seni" söyleyince...

Kızarsın önce gidenlere. Hatırlamamak üzere hediye edersin onları geçmişe. Yeminler edersin inandığın değerlerin üstüne ve son defa hatırlarsın, bir daha hatırlamamak üzere...

Güçlü görünürsün önce; herkesten önce, önce kendine...

Dolan gözlerini kurutmaya çalışırken gözlerine doğru üflediğin nefesinle, saklarsın dolan gözlerini kendinden bile.

Bahaneler hazırdır aslında. Mesela akşam olunca sözde bir hüzün çöker ya... Gözkapaklarını kırpacak olsan yaşlar dökülecektir aslında...

Dayanamaz, oturur ağlarsın. Gözyaşın edepten sıyrılarak, soyunup dökünüp ortaya çıkınca...

Gözlerin dolar, vurunca ayağının serçeparmağını sehpaya.

Otobüs kaçar ve "koskoca beş dakika" vardır bir sonrakine daha...

Her şey üst üste gelir, biner her şey omzuna. Dün gülüp geçtiğin ne varsa gözlerinin dolması için sebep olur her gün biraz daha...

Yemeğin tadı olmaz, sofrada tuz bulunmaz.

Kolun çarpar bardağa, bardak kırılır; masada ıslanmadık yer kalmaz.

Her şey üstüne gelir; hiçbir şey yolunda gitmez asla!

Son bir adım kalır ki gözyaşına... Dirseğini vuruverirsin kapıya. Oturur ağlarsın çocuklar gibi orada.

Bir şarkıya bile gücünün yetmediği, bir şarkının bile ağlattığı anların olur.

Üzülme!

Elbet bir gün, gözyaşların da yorulur!

Nasıl olsa bir gün,

Neşeli şarkılar söyleyenler de olur.

Orta Sahada Top Çeviriyorlar!

Kollarımı açabildiğim kadar çok değer verirken hayatımdaki insanlara; bana neden gazoz kapağından bedava çıkmışım gibi kıymet bilmez davrandıklarını anlayabilmiş değilim hâlâ.

Ama ben de en az onlar kadar değer görmeye değerdim galiba. En azından hepimizi yaratan aynı Allah'ın hatırına!

Oysa bir şeyler paylaştığın insanlara verebileceğin en önemli şey "değer" değil mi? Daha başka ne vermem gerekiyordu acaba?

Hiç bilmiyorum "içten" olmamın ne gibi bir zararı olabilirdi, rica etsem zatıâlileri anlatabilirler mi bana?

Ama galiba "içten" davranmış olmam pek bir şey ifade etmemiş, "değer vermiş gibi görünüp" yalnızca orta sahada top çevirmiş olanlara(!)

Cevaplanması gereken sorular var aklımda, kendimi affedebilmek adına! Kendimi inandırmalıyım değmeyecek insanların girmediğine hayatıma(!)

Ne kadar çok üzmüşüm kendimi hoyratça ve ne kadar çok girmişim kendimin günahına!

Kimseler değilmiş mutsuzluğuma sebep ve kimseler üzemezmiş beni, ben izin vermesem aslında. Bu kadar hoyratça harcarken kendimi, nasıl da sırt dönmüşüm sadece "bir tane" ben olduğuna!

Sanki "ağaçta yetişiyormuşçasına" nasıl da hiç etmişim kendimi boşu boşuna!

Neden hep ben fedakârlık yapmak zorundaydım mesela?

İnsanları mutlu etmek için "hayır" demeyi unutmak mı gerekiyordu ya da? Yalanlarına inanmak istediklerim kadar suçlu muyum veya?

Neden ilk giden ben değildim hiçbir zaman mesela?

Ya da taşıma suyla değirmen dönmeyeceğini anlamayacak kadar mı aklımı yitirmiştim acaba?

Nihayetinde bendim çabalayan da yorulan da...

"Şey."

"Her neyse!"

Boş vermeli şimdi bunları hiç düşünmemek en güzeli belki de!

Güzel bir film bulmalı... Çay ya da kahve...

Televizyon karşısında uyuyakalmak güzel olur belki de!

**Hiçbir Zaman Anlamadım Matematikten.
Bu Yüzden Hesap Edemeyişim, Neler
Yapabileceklerini İnsanların Hallerinden.**

Hiçbir zaman anlamadım matematikten. Bu yüzden hesap edemeyişim, neler yapabileceklerini insanların hallerinden.
Pazarlığa da aklım ermezdi. İçimdekiyle dilimin söylediği başka olmadı hiçbir zaman. Olduğum gibiydim, evvel ezelden.
Çok da karmaşık değildi benim için hayat aslında.
Varlığı gibi anlamı da tekti her şeyin oysa. Beyaz beyazdı, karaysa kara.
Hiçbir şeyin birkaç anlamı olmadı benim için hayatta.
Öyle kuyrukları birbirine değmeyen kırk tilki falan da olmadı hiçbir zaman kafamda.
Hem zaten hesap gerektirecek deyimleri bile almaz (!) benim kafam hayatta.
Düz yolda bile tedirginken yanlış adım atmamak adına, nasıl cesaret ederim ki cambazlık yapmaya?
Dört işlemde bile neredeyse parmak sayıyorken hâlâ nasıl oynatırım insanları parmağımın ucunda?
Alışkın da değilim çok işim de olmadı, hesapla kitapla ve içten pazarlığım olmadı sonra.

Yuvarlak cümleler kuramadım hiçbir zaman mesela.
Zamanı gelince söylediklerimi çevirebilmek adına...
Hayatı kuralına göre oynamak gerekiyormuş, zaman zaman bunu duyuyorum ama çok da masum değil bu oyun anladığım kadarıyla.

İnsanlar neden "oynama" gereği hissederler acaba?

Doğru olunamıyor...

Sekiz mi çizmek gerekiyor illa hayatta?

Fedakârlık mı Gerektirir Sevmek, Yoksa Fedakârlığı Boş Verip En Güzeli midir Sevişmek?

Fedakârlık mı gerektirir sevmek? Yoksa fedakârlığı boş verip en güzeli midir sevişmek?

"Merhaba" demek kadar kolay mı olmalıdır "Seviyorum" demek; Ve bu kadar kolay olduğundan mıdır hiç zorlanmadan gitmek? Çok mu kolaydır "bitti" demek? Yoksa hatır sormak kadar sıradan olduğundan mıdır sevişmek?

Nasıl olur "hayatım" deyip de sonrasında gidebilmek?

Yoksa bizim bilmediğimiz bir anlam mı içermektedir, gidenlerin kullandığı sözlükteki "hayatım" demek ve insanlar için bu kadar kolay mıdır "hayatlarından" vazgeçmek?

Hesap kitap yapar mı sevenler?

İçten pazarlığın mezesi olacak kadar küçültülmeli midir sevgiler?

Aşkın hesapsız yaşanması gereken bir havuz problemi olmadığını bilenler var mıdır aramızda acaba?

Prens de olmayabilir, prenses de sevilen ama masalın en can alıcı yeri olmalı çekememek gözlerini gözlerinden!

Diyebilmek gerekir belki de aşktan bahsederken ve ayırt edebilmeli yazılışları aynı, anlamları farklı bahsederken "sevişmek"ten...

Türk filmlerindeki "sevişerek evlenmekten" bahsederken, farklı olduğu bilinmeli bugünkü "severek sevişmek"ten...

Gerçekte aşk, bu kadar soruya gebe midir?

Yoksa insan eliyle mi hesaplara ve aranılan cevaplara kurban edilmektedir?

... Oysa "aşk" Türk filmlerindeki gibi "sevişmek"tir!

Bu Yaptıklarınızı ve Sizi, Bir Bir Allah'a Söyleyeceğim, Görürsünüz Siz!

Şu gökten zembille inip her şeyi bilenler var ya, kendinden başka kimsenin bir önemi olmayanlar hayatta.

Havada gezen burunlarınızı,

Sanki "küçük dağları yaratmış" adımlarınızı,

Kendinizden başka herkesi küçümseyen bakışlarınızı, kalın duvarların ardındaki önyargılarınızı, haksız yere ağlattığınız insanların gözyaşlarını, kırdığınız kalplerin "kırıklarını",

Alın... Alın ama hepsi birden nasıl sığar acaba?

Her gün biraz değişiyorum, farklılaşıyorum. Dün tamam dediklerime bugün tahammül edemiyorum. Ne boş verebiliyorum artık ne de gülüp geçebiliyorum, üzülüyorum!

Mutlu olduğum zamanlar da oluyor elbette ama üzüntülerim daha uzun sürüyor nedense? Belki de birikmişler ağır basıyor içimde bilmiyorum! Artık çok daha çabuk kırılıyorum, darılıyorum. Belki de artık kırılmaktan yoruldum, bilemiyorum!

Ben artık yanılmak istemiyorum, yanıltanları da istemiyorum. Ne çok yalan varmış söyle söyle bitiremediler!

Ama bu yaptıklarınızı ve sizi, bir bir Allah'a söyleyeceğim, görürsünüz siz!

Kerameti kendinde sanan insanlar her zaman güldürmüştür beni. Oysa şöyle bir oturup düşünseler Hindistan'da da ineklere tapıldığını görecekler. Demek ki neymiş? Keramet sende değil değer verendeymiş!

Tıp! Sustum!

Kimseye küsmüyorum artık,
Darılmıyorum,
Gücenmiyorum,
Gönül koymuyorum.
Ne küsecek kadar değer veriyorum ne darılacak kadar hayatımda yer.
Ne gücenecek kadar güveniyorum ne de gönül koyacak kadar seviyorum.
Sizi sürekli üzen insanlardan vazgeçin; çünkü onlar hiçbir zaman değişmeyecekler!
Size durmadan söz verenlerden de vazgeçin. Söz bir kere verilir, adam olan yerine getirir.
Birçok insan girdi çıktı hayatıma ve birçok iz var sırtımda!
Benim de hatalarım vardı mutlaka!
Üç maymunu oynamamakla hata mı ettim acaba?
Neyse, zaten tek kötü insan benim, "sütten çıkma ak kaşık" olmayan.
Hataları parçalarından akan ve her haliyle yanlış olan...
Sözü, söylediği masal...
Varlığı "kötülüğün" hanesine artı bir yazılan(!)
... ve sanırım bir tek benim, dünyanın şaftını kaydıran.

Ben her zaman açık olmaktan yana oldum, kaybetsem bile. Eğip bükmeden, dolambaçlı yollara girmeden, ne düşünüyorsam onu söyledim karşımdakinin ne demek istediğimi anlamasını beklemeden.

Kırılabilirdim, kırabilirdim de ama olsun, ben hep içim dışım bir oldum. Ne sevdiğimi sakladım ne sevmediğimi, ne de kıvırdım işime geldiği gibi.

Çokça kaybettim,

Çok kenara itildim,

"Çoğu" anlatmak için "çok" demek az belki, çok üzdüler beni!

Hiç pişmanlık duymadım, ne isem oydum, olduğum gibi. Keşke "olduğum" gibi kabullenselerdi beni.

Neyse uzatmıyorum... Allah biliyor her şeyi, herkesi, tüm olan biteni.

Tıp! Sustum!

Tanıyamıyorum Artık İnsanları. Duruşları, Bakışları, Dokunuşları...

Tanıyamıyorum artık insanları. Duruşları, bakışları, sözleri, dokunuşları ve daha önce hiç karşılaşmadığım tarafları...

Bir el değmiş gibi onlara... Sanmıyorum, değişemez insanlar kolay kolay yoksa.

Değişmemeli insanlar. Boyacı küpüne batıp çıkmış gibi olmamalılar, hem renklerle insanlar dışında güzelleşecek çok şey var.

Eğer rengârenk halleriyle özenilense bukalemunlar; hatırlatmak isterim, insan değil hayvandır onlar!

Yakışabilir çiçeklere renkler.

Rengârenk olabilir dolaptaki elbiseler.

Hayata anlam katabilir gökkuşağında renkler.

Yüzlerde güzel durabilir renkli gözler.

Rengârenk çikolatalar çok mutlu eder.

Tozpembe hayaller tebessüm ettirebilirler.

Adına "beyaz" denilince yalanlar bile göze hoş gelebilirler.

Çok tatlı olabilir utanınca kızaran yüzler.

Hayatın en güzel anıdır belki, mavili pembeli kundaktaki bebekler...

Yaşamak için yeterli olabilir bir başına masmavi denizler...

Taş binalara hayat verebilir rengârenk pencereler ama bir tek insanda hoş durmuyor, renkten renge girmeler...

Altı Kere Altı Otuz Altı

Çocukken daha mı güçlüydüm ne? Yoksa tozpembe hayallerin varlığı mıydı güç veren küçük kalbime? Tüm dünyaya gücüm yeterdi. Sıkınca kalbimin büyüklüğü kadar olan yumruğum tüm dağları titretebilirdi. Herkes beni çok severdi. Yalan, Pinokyo'nun burnunu büyüten bir masaldan ibaretti.

Hayat, o kadar güzeldi ki büyümeye bile hazırdım; ama büyüyünce tüm gizli güçlerim kayboluverdi.

Önce yıldızlar yitirdi güzelliğini... Yıldızları saymak aklıma bile gelmiyor şimdi.

Dört mevsim de umurumda değil. Zaten dört rakamını ben hiç sevmedim ki. Okulun beş gününde, dört gün matematikti. Altı kere altı otuz altıydı ama bu çok da tat vermiyordu bana.

Benim derdim, kurduğum hayallerin gerçekleşmeyeceğini anlamaktı hayatta.

Eşkenar üçgenin açıları eşitti ama çocukluğumun tozpembe hayallerini çalmışlardı. "Pembe, kız rengi" deyip bana...

"Kız rengi" tozpembe hayallerim yok şimdi!

Zaten yatıp izlediğim bulutlarda da göremiyorum, bulutları benzettiğim bin bir şekli.

Hem büyüyünce bulutlar da güzelliğini yitirdi.

Şimdikiler çocukluğumun bulutları değil ki! Su buharlarının basınçla meydana getirdiği şeylerdi.

Saydığım yıldızları, bulutları, tozpembe hayallerimi...
Yitirdim birer birer hepsini.
Büyümek için bu güzellikleri yitirmek gerekiyormuş demek ki. Derdim, büyümek değildi. Büyümek, doğanın gereği gerçekleşecekti tabii ki ama çocukluğumun tozpembe hayallerinin kayboluşu çok ağırıma gitti.
Pinokyo'da olduğu gibi yine gülebilsem yalanlara...
Pinokyo'nun burnu uzarken, benim gözlerim neden yaşarıyor yalanları duyunca?
Çocukluğumdaki kadar güçlü olabilseydim şu yaşımda; belki yalanlar, bu kadar dokunmazdı bana.
Tozpembe hayallerim dursaydı bayramlık gibi başucumda...
İşte bu yüzden daha cesurdum, sıkınca kalbim kadar yumruğumun olduğu çocuk yaşımda.
Dün yoktu, yarın yoktu. Dünya bugünden ibaretti.
Bir de çikolatam varsa, hayat tadından yenmezdi.

Yok Yere

Yok yere, bağlandık.
Yok yere, ağladık.
Yok yere, sevdik.
Yok yere, sevildiğimiz yalanını dinledik.
Yok yere, inandık.
Yok yere, terk edildik.
Akıllanmadık, ikincisine müsaade ettik.
Yok yere, hüzünlendik.
Bir türlü boş verip, gülüp geçemedik!
Yok yere, bel bağladık.
Pamuk ipliklerine güvenip kuyuların dibinde gözlerimizi açtık.
Yine de giden biz değildik.
Kuyuların dibinde de olsa yok yere bekledik.
Oysa gidenler dönmeyecekti, bir türlü öğrenemedik!
Yok yere umut ettik.
"Güneş benim için doğacak" dedik.
Oysa güneş de bahar da sevenlerdi ama onlar da çoktan gitmişti ve gidenlerin döndüğü hiç görülmemişti!
Acaba masalları mı çok sevmiştik? Israrla bir türlü büyümedik(!)
Yok yere, yalanları masal gibi dinledik!

Pek bir şey istemiyor canım bugünlerde. Ne yataktan çıkmak, ne uyanmak ne de dışarı adım atmak.

Garip bir halim var şu günlerde. "Sence dünyada en güzel şey nedir?" deseler; pijama, terlik, televizyon derim ve peşi sıra eklerdim yastığı yorganı mutlaka. Bu vazgeçiş ya da boşlamak değil hayatı, senin gibi ben de biraz yoruldum galiba.

Bilirsin işte, senin de başına gelmiş olmalı mutlaka; olan olmayan, oldurulmaya çalışılan, koşturmacalar, arada takılmalar, yorgunluklar ve "dinlenmek için ihtiyaç duyulan uykular"...

Uzak kalıp mutsuz sonlara, biraz zaman ayırmalıyım kendime galiba.

Mutlu bir sona ihtiyacım var, Türk filmi izlemeliyim hem dolapta sütlaç da var.

Her Gün Biraz Daha Değişirsin

Yaşadıklarım sonrası, kendim gibi kalamadım! Her adımda biraz daha başkalaştım. Yaşadığım onca şey, değişti tüm olan bitene bakışım. Kendi gibi kalamıyor insan; ilk hali, ilk el, el değmemiş, yıpratılmamış falan. Yaşadıklarınla yoğuruyor seni zaman. "Yedisinde neyse yetmişinde de o" değilmiş zaten insan. Öyle bir an oluyor! Anlıyorsun "yapmam" dediklerini yaptığın zaman. "Huyum" der bamyayı yemeyebilirsin.

Kalabalıkta, dün olduğu gibi bugün de kendini "huzursuz" hissedebilir daha önceden olduğu gibi yine "gelmiyorum" deyip gitmeyebilirsin.

Ya da "kendini bildin bileli uykuyu çok seviyor" olabilirsin ama bütün bunlarda olduğu gibi sana bırakılmayan şeyler de var bilirsin. Bazı şeylerin "Bamyayı sevmiyorum" deyip sofradan kalkmak kadar kolay olmasını ben de isterdim.

Ama tüm yaşadıkların senin tercihin değil ve ben de çok "huyumdan" vazgeçtim. Çünkü an olur bazen vazgeçmek zorunda kalırsın!

Çıktığım hiçbir yol sonrası çıktığım gibi kalamadım.

Her adımda biraz daha başkalaştım. Yaşadığım onca şey, değişti tüm olan bitene bakışım.

Kendi gibi kalamıyor insan; ilk hali, ilk el, el değmemiş, yıpratılmamış falan. Yaşadıklarınla yoğuruyor seni...

Yastığın İnceliğinden Başka Engel Olacak Hiçbir Şey Yok Şükür Uykuma

Her adıma her söze dikkat etmeli insan; yaptıklarına, yaşayışına, kime nasıl davrandığına.

Çünkü kader dediğin, yaptıklarının yansımasıdır hayatına.

Eğer "yarını ve sonrasında neler yaşayacağını merak ediyorsan" bugün kime nasıl davranıp, neler yaptığına bak. Senin "yarının" bugün yaşattıklarında saklı ve kaderini sen belirliyorsun yaşattıklarınla!

Dün kime yaşattığın ne varsa hepsini yaşayacaksın.

Dün yaşattıklarında saklı yarın yaşayacakların!

Unutma, "kader" dedikleri yaptıklarının yansımasıdır hayatına!

Öyle küsmece, darılmaca; "Bu benim başıma nereden geldi?" demek yok!

Kimin başına ne getirdiysen başına gelecek, İlahi Adalet, herkes ektiğini biçecek!

İşte o gün kadere suç bulma, ama illa bir suçlu lazımsa bir bak bakalım aynaya kim var karşında!

Ama benim vicdanım o kadar rahat ki huzurla uyuyabiliyorum geceleri başımı yastığa koyunca. Yastığın inceliğinden başka engel olacak hiçbir şey yok şükür uykuma!

Zaman zaman battaniyenin enini boyunu karıştırıyorum ama olsun kimsenin gözyaşları kadar değerli değil.

Çok şükür üşenip düzeltmemişsem battaniyeyi, ayaklarım üşür en fazla.

**Ne Kusursuz Olmak Gibi Bir Niyetim
Var, Ne de Kusursuz Olduğumu Dillendirdiğim
İddialar. Lütfen Kusuruma Bakın
Yoksa Gönlüm Kalır(!)**

Bütün iyi niyetlerime küsesim var, onlar yüzünden değil mi bu kırgınlıklar?

Ne yapıp edip unutulmalı tüm yaralar, "soğudukça" daha çok acıyor bu kırıklar!

Bir an önce toparlanıp devam etmeli yola, hâlâ bir umut var içimde. Her şey güzel olur mu bilmiyorum ama pes etmek de yok asla.

Her şeyin güzel ya da yolunda olması da değil konu aslında, önüme kırmızı halı sermesi gibi bir problemim de yok hayatla, benim tüm problemim hemen inanıp on yüz milyon tane değer vermek insanlara.

Sınır çizmek diye bir şey var mesela, koyabilseydim insanlarla arama, bahçenin bu tarafında da güller açardı galiba. Oysa ne kadar çok suiistimal edip aldılar tüm iyi niyetlerimi ayaklar altına.

Canları sağ olsun, "kısmet çeken bir tavşan" kadar bile iyi "niyet" besleyemiyorlarsa bana ya da karşılarındaki insana, bir tavşan olamamış insanlar için de öğrendim üzülmek boşuna.

Zaten artık kusurlarım için kusura bakabilirsiniz. Ne kusursuz olmak gibi bir niyetim var ne de melek olduğumu dillendirdiğim iddialar.

Lütfen kusuruma bakın yoksa gönlüm kalır(!) Beni hatalarımla yargılayıp, herkesin haberdar olması için elinizde davul tellallık da yapabilirsiniz.

Rica ederim hiç çekinmeyin hakkımda istediğinizi söyleyebilirsiniz.

Çünkü ardımdan konuşulanlar üzmüyor artık beni.

Hem neden üzüleyim ki, yaşınızla orantı gösterip büyümeyen beyinlerinizin suçlusu ben değilim ki!

Beyin çok güzel bir şey!

Allah olmayan herkese versin!

Hayallerin Gerçekleşmeyeceğini Öğrenmeye "Büyümek" Denir...

Gerçeğe uyanmaktır büyümek ve hayallerinin gerçekleşmeyeceğini öğrenmek...

Her ne kadar büyüdüğünü düşünsen de babanın kanatlarını, hep üstünde hissetmeyi istemek...

Her ne kadar güçlü görünsen de aslında içten içe, ana kuzusu olmayı istemek ve zamanı geldiğinde bulutların üzerinden yere, sert bir iniş gerçekleştirmek.

Acılı türküler dinlemeyi sevmek...

Bunun yanında, dün mahalle maçlarında attığın gollerden sonra bugün bir de "para" diye bir şeyi düşünmek ve ay başından ay sonuna kadar, kırk takla atarak aradaki günleri geçirmek.

Önce askere gitmek sonra biraz daha büyüyerek dönmek... Aslında askerliğin tezkereden sonra başladığını öğrenmek!

Dün, bebeklerle oynarken bugün, "anne" olduğunu görmek...

Sofradaki en güzel yemek herkese yetmeyince "Zaten ben sevmem ki!" demek...

Büyümek... Zaman zaman çocuk olmayı düşlemek...

Tek derdinin, paran olmadığı için alamadığın çikolata olmasını istemek...

Büyümek, en güzel anılarının yıllar öncesinde kaldığında bilmektir ve onlar aklına gelince tebessüm etmektir.

Masalların yalan olduğunu üzülerek öğrenmektir ve içten içe, o kahramanları hâlâ sevmektir. Sabah uyandığında bile yorgun olmak, hayata dair korkuların olduğunu kendinden bile saklamaktır.

"Erkekler ağlamaz" saçmalığına inanıyormuş gibi yaşamaktır ve bu sözü söyleyene küfür edip, sözü söylerken sarhoş olduğuna inanmaktır.

Sonra anlarsın ki bu aptalca sözü söyleyen kişi, hiç sevgilisinden ayrılmamıştır.

Kurduğun hayallerin çoğunun gerçekleşmediğini görmek, buna rağmen hayallerinin bir gün gerçekleşeceğini düşünmektir.

Yıllarca, hayallerinle gerçeklerin arasında gidip gelmektir ve büyümek; dün hayaller kurup dünyayı yerinden oynattığı arkadaşlarının bugün işçi, memur olduğunu görmektir. Kimisinin evlenip çoluk çocuğa karıştığını öğrenmektir...

Herkesin ağzından, "önemli olanın insanlık" olduğu lafını duymak ama sonra sana biçilen adamlığın aslında cebindeki para kadar olduğunu anlamaktır...

"Adam" olduğun halde, paran olmadığı için sevdiğin kıza yabancı olmak ve bu yüzden, dün evcilik oynadığın kızların kanaatkâr küçük kalplerini, bugün sevdiğin kıza takabilmeyi istemektir... Zordur büyümek, çok acı barındıran göğsünde, hep yenilerine de yer vermek.

Evet, misafirperver insanlarız ama zor yine de her yeni gelen acıya da kalplerimizde yer vermek.

Bence bir gün mutlu olacaksın!
Ama tabii gülüp geçmeyi, boş vermeyi öğrenirsen...
Hem her şeyi takacaksın,
    herkesin her söylediğini umursayacaksın,
        hem de çok mutlu olacaksın öyle mi?

Kusura bakma yok öyle bir dünya!

Bakkaldan Dönerken Koparılan Ekmekler Vardı!

Benim çocukluğumda oyunların tadı vardı ve oynanan oyunlar ömrünüze ömür katardı.

Her çocukta bir kanat vardı ve her çocuk bulutların üstünde yaşardı.

Atmosfer mavi değil tozpembeydi ve denizler, göller hepsi masal ülkesinden fırlamış gibiydi.

"Heidi" gerçekti ve eğer yalan söylersek Allah göstermesin burnumuz "Pinokyo" gibi uzayabilirdi. Hem Allah, "Kestane Sultanı" da eşek yapmıştı, annesine karşı geldiği için... Zaten anne babaya da karşı gelinmezdi.

Sonra Keloğlan'ın da annesine karşı geldiği görülmüş şey değildi!

İçimizde bir tutam sevgi... Severdik her şeyi!

Zaten "Külkedisi" üvey kardeşlerini bile severdi!

Tabii kızdığımız şeyler de vardı. Mesela "Safinaz" bazen "Kabasakal" ile flört ederdi ama sonra "Temel Reis"e dönünce ona olan sinirimiz de geçerdi.

Benim çocukluğumun çocukları, kimseye kin güdemezdi çünkü nefretin ve kinin kelime anlamını bilmezdi!

Oyunlarda kavga ederdik evet ama barışırdık hemen sonra, hem annelerimizin dediğine göre küs kalmak günahtı da...

Bakkaldan dönerken ucundan koparılan ekmekler vardı. Tadına doyulmazdı o anların ve bir kenara bırakarak ekmeği, dörtnala koşulan oyunların...

Kızlar evcilik, erkekler top oynardı. Parklar ise hepimize ait ortak alanlardı.

Tabii ki kızlarla beraber oynanan oyunlar da vardı.

Mesela "yakar top" çok revaçtaydı.

"İstop" vardı, "dalya" oynanırdı ama bu oyunları genelde kızlar kazanırdı.

Bizim, öyle binlerce liralık isteklerimiz de yoktu.

En pahalı isteklerimiz kız kaçıran ve leblebi tozuydu.

Sonra başına oturup hayatı unuttuğumuz yüzlerce televizyon kanalı da yoktu.

Bizim kalbimiz sokakta, çamurlu yollarda atıyordu.

Susam Sokağı ve *Temel Reis* paha biçilemez mutluluktu.

"Edi ile Büdü"nün varlığı, "Minik Kuş"un tebessümü, tarif edilemez bir duyguydu ve "He-Man"in varlığı, hep iyilerin kazanacağına dair en büyük umuttu!

Sadece Elim, Ayağım, Ayakkabı Numaram Büyüdü. Ben Değil!

Bütün sorun herkesi kendim gibi sanıyor olmam.
İçten, pazarlıksız, olduğu gibi...
Her defasında yanılıyorum ve çok daha kötüsü bir türlü akıllanmıyorum.

Kendime yanılgılarım sonrası "Bu son" dediğim zamanlar olduğunu hatırlıyorum ama hiçbir zaman son bulduğunu hatırlamıyorum.

Hak ediyorum galiba, kendime gülüyorum ve nedense ısrarla bir türlü büyümüyorum.

Zaten sadece elim, ayağım, ayakkabı numaram büyüdü, ben değil.

Ama "en güzel oyunlar" da büyükler arasında oynanıyor bu tezadı da bir türlü anlamıyorum ama çözdüğüm gün büyüyeceğimi tahmin ediyorum(!)

Ne kırılmamış gibi yapabiliyorum, ne kızmamış gibi davranabiliyorum! Ben, hiçbir şey yokmuş gibi yapamıyorum.

Hissettiğim neyse yüzümde, söylemek istediklerim dilimde ve kimsenin yüzüne gülmedim "Bir gün lazım olur" diye. Çekilmez birisi olduğumu biliyorum, "renkli bir kişiliğim olmadığının" bazen ben de farkına varıyorum.

Hem haksız da sayılmazlar daha "oyun" oynamayı bile bilmiyorum(!)

Ama artık kıranlara, kandıranlara, yarı yolda bırakanlara ne kızgın ne de kırgınım onlara. Onlara kızmak haksızlık olur ayrıca. Neticede insanlar kişilikleri kadar davranabilir sonuçta(!)

Herhangi birine ya da herhangi bir şeye anlam yükleyen cümleler de yok artık aklımda.

Ötesi yok, bundan sonra sadece kısa kısa:

– Merhaba.

– Merhaba.

Hem ötesi sözler sindirimi zorlaştırıyor bazılarında(!)

**Dokundular Bir Kere Kelebeğin Kanadına.
Uçamayacak Bundan Sonra!**

Hâlâ seviyor olabilirdim insanları, tanıdığım gibi kalsalardı ve oyun hamuru kıvamında şekil değiştiriyor olmasalardı!
Hâlâ bekliyor olabilirdim yolun yarısında bırakanları...
Giderken dönüp arkalarına bir kere baksalardı!
Belki de güvenebilirdim insanlara, kar yağmasaydı güvendiğim dağlara...
Hayatıma ortak edip sarılabilirdim birilerine sıkıca ama elimde kalan dallardan ibaret, hakkımda anlatabileceğim bütün hikâye oysa!
Bel bağlayabilirdim belki de daha önceden üzülmeseydim pamuk ipliklerinin koptuğunu gördüğümde...
Elbette tebessüm yakışırdı dudaklarıma, benim de kırılabileceğimi düşünüp üzmeselerdi, beni de...
Toplayıp parçalarımı, doğabilirdim küllerimden yeniden her seferinde...
"Neden baştan başlayasın ki?" diye sordurmasalardı eğer kendime!
Canım bu kadar çok yanmazdı, kırıklar soğudukça daha çok acıtmasaydı belki de!...

Tadına doyulmaz bir hayat beklemedim hiçbir zaman ama en azından dokunmasalardı dünyama... Cennetten bir köşe değildi dünyam, evet ama yaşayıp gidiyordum en azından bir başıma...

Dokundular bir kere kelebeğin kanadına, uçamayacak bundan sonra...

Tartsan gram gelir ömrünün ağırlığında, nasıl mutlu olur atılmışken kerelerce ayaklar altına?...

Hoşgörü Dağıtılırken Şemsiye Açmış Olanlar

Bildiğinizi sandığınız birçok şeyi aslında bilmiyor ama biliyormuş gibi davranıyor, öyle hareket ediyorsunuz.

İnsanların hayatları hakkında konuşuyor, hiç bilmediğiniz yaşanmışlıkları hakkında kolayca hüküm veriyorsunuz! Doğruyu yanlışı kendinize göre değerlendiriyor, insanların neyi neden yaşamak zorunda olduğunu göz ardı ediyorsunuz.

İnsanların hayatları hakkında önyargılı davranmanın baştan aşağı saçmalık olduğunu neden bir türlü öğrenmiyorsunuz?

Kendi doğrularınızın yanlış olabileceğini kabul etmiyorsunuz. Kendinizi fasulyeden nimet sayıyor, oysa buradan bakınca bir "taze fasulye" bile etmiyor, hayatlarımıza o kadar bile değer katmıyorsunuz.

Şimdi önyargılarınızı, düşüncelerinizi ve sivri zekâ ürünü fikirlerinizi alıp, üzüp kırdığınız insanların hayatından bir an önce defoluyorsunuz.

Çünkü hoşgörü dağıtılırken şemsiye açmış olanlar siz beni fitil ediyorsunuz!

Kerameti kendinde sanan insanlar
             her zaman güldürmüştür beni.
Oysa şöyle bir oturup düşünseler,
        mesela Hindistan'da da ineklere tapıldığını görecekler.
Demek ki neymiş?
Keramet sende değil "değer" verendeymiş!

Söylemek İstediklerimin İstediğim Gibi Anlaşıldığını Hiç Sanmıyorum.

Söylemek istediklerimin istediğim gibi anlaşıldığını hiç sanmıyorum.

İnsanların, söylemek istediklerime kendilerince anlam yüklemelerini de hiç anlamıyorum.

Oysa bir şeyler anlatmaya çalışırken en fazla beyaz "ak", hayale "düş" diyebilirim.

Gülüyorum.

Ama galiba asıl mesele insanların duymak istediklerini söylemeyişim, aldırmıyorum.

Aldırmıyorum artık hatalarıma, yanlışlarıma.

Hatalarım olsa da olmasa da kusur bulanlar her zaman olacak nasıl olsa.

Sözlerimi de tartmıyorum artık konuşurken insanlarla.

Herkes duymak istediği gibi anlıyor nasıl olsa.

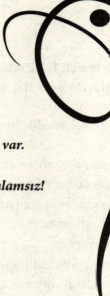

Tabii bir de kendini bir şey sananlar var.
"Şey" ne demek peki?
   Hiçbir şey! İsimsiz, tanımsız, anlamsız!
Sıfırın, "sözelci" olanı!

Şeyin Adı Olur, Şekerin Tadı Olur!

Uyku,
Kitap,
Kahve,
Eski Türk filmleri,
Çilek, mandalina, pejmürde pijama
Karamelli ya da başka bir çeşit çikolata...
Annemin babamın varlığı, kabuklu yerfıstığı, mutlu olmak için yetiyor bana.

Liste haricindekiler olmasa da olur. Bence sen de listede çok değişiklik yapma.

Mandalina yerine elma, çikolata yerine gofret diyebilirsin ama bunlar haricinde herhangi bir şeyi olmazsa olmazın yapma. Naçizane... Üzüyorlar yoksa! Kahvaltı da önemli, kahvaltıyı unutma!

Sanki "kahvaltıymış" gibi, olmazlarsa dünya dönmeyecekmiş gibi, tabii bir de kendini "bir şey" sananlar var.

Ama gerçekten "bir şeyler" "şey" ne demek peki? Hiçbir şey! İsimsiz, tanımsız, anlamsız! Sıfırın sözcü olanı(!)

Oysa egosu kişiliğinden çok yer tutuyor dünyada, sanırsın "evde pejmürde pijama rahatlığı(!)

Hem şeyin adı olur, şekerin tadı olur akıllım(!)

Daha Fazla Kumanda Kırmak İstemiyorum!

Ben güzel şiir yazamam. Son çıkan filmleri falan da bilmem. Zaten bilmediğim bir şeye de laf olsun diye biliyorum demem. Komik olur...

Nerede nasıl eğlenilir, en güzel yemek nerede yenir onları da bilmem. Zaten ressamın ne anlatmaya çalıştığını da hiçbir zaman çözemedim ben.

Hatta kaba biri bile sayılabilirim. Canım sıkılırsa kapıyı da çarparım, kumandayı da fırlatırım.

Haneme artı olarak yazılacak pek bir şey kalmadı farkındayım.

"Geliyorum" yerine "geliyom", "biliyorum" yerine "biliyom" derim çoğu zaman ama olmadığım biri gibi de davranacak kadar aptal olmadım hiçbir zaman.

Kızınca gidiyorum.

Değer verdiysem küsüyorum.

Elimde değil kolay alınıp üzülüyorum.

Ben buyum.

Bir de sevince çok "seviyom"!

"Sevilenin" ne olduğu da önemli değil. Bir bardak ballı süt de olabilir, yastık veya herhangi biri de olabilir. Ben sevmeyi seviyorum ve bunu iliklerime kadar hissediyorum.

Değer veriyorum ve değer verdiğim ne ise onu odalardan, bacalardan taşırıyorum. Kamyon yükü anlam yüklüyorum.

Değer verdiğini söyleyenlerden de aynı şeyleri bekliyorum.

Allah aşkına çok mu şey istiyorum?

Aksi halde üzülüyorum! Lütfen, daha fazla kumanda kırmak istemiyorum!

Başına Kadar Çekip Yorganı, Günlerce Uyumak İsteyen Bir Ben Var Şimdilerde

Yeni yeni anlıyorum yorulduğumu, öyle eskisi kadar hevesli değilim birçok şeye.

Bazen şöyle bir dönüp bakıyorum da kendime, başına kadar çekip yorganı hiç konuşmadan günlerce uyumak isteyen bir ben var şimdilerde.

Koşturmalar, yıkılmalar, tekrar kalkıp "hadi bir dahalar"...

Bir yerden sonra insan yoruluyor; hayat işte, her zaman yoğurtlu semizotu salatası kadar keyifli olmuyor.

Maskeler de ağır gelmeye başladı zaten, hele şu güçlü görünmek için olanı yok mu, büyük geliyor artık taşıyamıyorum ben!

Hiçbir şey konuşmak istemiyorum, duymak ya da anlatmak...

Yaşananlar için "Şöyle oldu, böyle oldu" deyip bir suçlu aramak. Kapattım, en güzeli olanı biteni hatırlamamak.

Hayırlısı olsun her şeyin. Allah herkesin hakkında hayırlısını versin.

"Hayırlısı olsun" diye bir şey var iyi ki, yoksa uğraşamıyorum hem söyleyecek sözüm de bitti.

Bundan sonra ne olur bilmiyorum, ayrıca çok da merak etmiyorum.

Hayat işte bildiğin bisküvi ambalajı, "yüzde bir, eksik ya da fazlası" bundan sonra da yaşatacakları! Gram farkla bildik şeyler yani. Allah büyük der, yaşarım anı.
"Görelim Mevla neyler, neylerse güzel eyler."
Belki de boş vermek gerekir bazen;
Bazen unutmak!
Hatırlamamak!
Bazen "yokmuş" gibi davranmak.
Belki umursamamak!
Bazen gitmek gerekir ve ardına bakmamak.
Uzaklaşmak!
Unutmak!
Evet, "kaçmaksa" kaçmak! Bazen "sil baştan"lar gerekir.
Belki de mutluluk "bazenlerin" ardına gizlenmiştir.